FRIEDER

Achmed

Emma

Klara

Lucy

SAUERLÄNDER

Hiltrud Baier ist Buchhändlerin, hat Kinderliteratur studiert und Romane für Erwachsene und Kinder veröffentlicht. Sie hat zwei erwachsene Töchter, drei Enkel und lebt mit ihrem Mann im schwedischen Lappland.

© Rainer Ripper

Cathy Ionescu, geboren 1984 in Koblenz, hat in Münster und Seoul Design mit Schwerpunkt Illustration studiert. Sie lebt in Münster, wo sie als freiberufliche Illustratorin in der Ateliergemeinschaft Hafenstrasse 64 arbeitet.

© Sylwia Marschalkowski

Weitere Informationen zum Kinder- und Jugendbuchprogramm der S. Fischer Verlage finden Sie unter www.fischerverlage.de

Hiltrud Baier

Emma

und die

Fürchterlichen Fünf

Mit Bildern von Cathy Ionescu

❋ | SAUERLÄNDER

Erschienen bei FISCHER Sauerländer
© 2023 Fischer Kinder- und Jugendbuch Verlag GmbH,
Hedderichstraße 114; D-60596 Frankfurt am Main

Umschlaggestaltung: Dahlhaus & Blommel Media Design GmbH
unter Verwendung einer Illustration von Cathy Ionescu
Satz: Fotosatz Amann, Memmingen
Druck und Bindung: CPI books GmbH, Leck
Printed in Germany
ISBN 978-3-7373-6123-1

Es ist Freitag. Ein ganz gewöhnlicher Freitagnachmittag, so wie Emma ihn mag. Die Schule ist aus, und ein ewig langes Wochenende liegt vor ihr, an dem sie tun und lassen kann, was sie möchte. Und gerade hat sie sogar Lust, Hausaufgaben zu machen, was nicht so oft vorkommt. Aber Emmas Zeichenlehrer hat ihrer Klasse bis zur nächsten Stunde aufgegeben, ihren größten Wunsch zu malen. Und Emma wünscht sich schon ewig, ein eigenes Pferd zu besitzen. Oder zumindest, ein Pferd zu reiten. Vielleicht würde es auch schon genügen, auf einem Pony zu reiten. Deshalb sitzt Emma in ihrem Zimmer und malt einen Pferdekopf mit runden Augen und großen Ohren. Und gerade, als sie überlegt, ob die Mähne des Pferdes über seine Augen fallen sollte, klingelt es unten an der Haustür. Aber es ist kein gewöhnliches Klingeln, so ein, zwei Mal: *Kr, kr.* Nein, es ist ein lautes, fast wütendes: *Krrrrrrrrrrrrrr!*

»Emma, kannst du bitte aufmachen?«

»Mann, immer ich«, brummt Emma vor sich hin. »Ich kann nicht, Mama, ich male! Hugo soll aufmachen!«, ruft sie nach unten ins Wohnzimmer. Sie rollt mit den Augen und beginnt, eine lange braune Mähne vor die sanften Augen ihres Pferdes zu malen. Schließlich soll das Bild bis Montag fertig werden.

»Hugo ist Schachspielen, bei Achmed. Jetzt mach schon, Emma. Ich stille gerade Lucy«, ruft Mama zurück, und Emma merkt, dass Mamas Stimme schon leicht ungeduldig klingt.

Es klingelt wieder. *Krrrrrrrrrrrrrr!*

Missmutig erhebt sich Emma von ihrem Schreibtischstuhl und läuft betont langsam die Treppe nach unten. Auf der Hälfte macht sie kurz Halt. Die Tür zum Wohnzimmer ist angelehnt, und Emma sieht, wie Mama mit Baby Lucy auf dem großen Sofa liegt, und Lucy genüsslich an Mamas Brust nuckelt.

Warum muss immer ich arbeiten und andere liegen gemütlich auf dem Sofa herum?

Krrrrrrrrrrrrrr!

»Emma! Vielleicht ist es der Postbote! Oder Hugo hat seinen Schlüssel vergessen. Beeil dich, bitte!«

Emma geht die letzten Treppenstufen nach unten und öffnet die Tür. Und nicht nur das, sie öffnet auch den Mund, und der bleibt auch offen. Denn draußen steht weder der Postbote noch ihr blöder Bruder, der ihr immer die Schokolade aus der Schreibtischschublade klaut, sondern: ein Pony. Ein Pony, dessen linkes Ohr knallrot leuchtet, als ob die Sonne, die heute überhaupt nicht zu sehen ist, durch es hindurch scheinen würde.

»Was …?« Emma bleiben die Worte im Hals stecken. Vor Schreck geht sie einen Schritt zurück.

»Pssst«, flüstert das Pony und legt die Stirn in Falten. »Kann ich reinkommen?« Ohne auf eine Antwort zu warten, drückt das Pony mit dem Vorderhuf die Tür vollständig auf, zwängt sich mit seinem dicken Po an Emma vorbei und tritt ihr dabei auch noch auf den Fuß.

»Wer ist es denn?«, ruft Mama.

»Äh …« Völlig perplex fällt Emma nichts ein, und das jetzt schon zum zweiten Mal kurz hintereinander. Sonst ist sie nicht so leicht auf den Mund gefallen. Aber ein sprechendes Pony mit einem leuchtenden Ohr, das hat Emma noch nie gesehen.

Das Pony schüttelt seine weiße Mähne. Sie fliegt ihm wild um den Kopf. Dann beugt es sich ganz nah an Emmas Ohr: »Ich brauche deine Hilfe!«, murmelt es. Die großen runden Augen schauen so bekümmert, dass Emma sofort Mitleid bekommt.

»Es ist niemand, Mama. Also … jemand hat an der falschen Haustür geklingelt«, ruft Emma. Kurz bekommt sie ein schlechtes Gewissen, aber das ist schnell vorbei, denn hier handelt es sich offensichtlich um einen Notfall. Flüsternd fragt sie das Pony: »Hast du Hunger?« Hunger zu haben, ist das Schlimmste, was Emma sich vorstellen kann. »Vielleicht haben wir noch was vom Mittagessen übrig«, sagt sie. Dann überlegt Emma. Wahrscheinlich würde das Pony von Spaghetti mit Hackfleischsoße Bauchweh bekommen. Aber Heu, nein, das haben sie nun wirklich nicht zu Hause.

Das Pony schüttelt den Kopf. »Ich habe keinen Hunger. Es ist viel schlimmer.«

»Irgendwie zieht das!«, ruft Mama vom Wohnzimmer. »Hast du vergessen, die Haustür zuzumachen?«

»Nein, alles gut!«, ruft Emma zurück und schließt schnell die Tür. »Noch schlimmer als Hunger?«, fragt Emma das Pony leise.

Das Pony nickt.

Das ist ja dann wirklich ein absoluter Notfall. »Komm mir nach, die Treppe hoch.« Emma legt den Finger an die Lippen. Jetzt dürfen sie beide wirklich kein Geräusch machen, sonst merkt Mama noch was. Und ein Pony im Haus würde ihr sicher nicht gefallen. Emma geht die Treppe nach oben. Nach der zweiten Stufe dreht sie sich um. »Kannst du denn überhaupt Treppen steigen?« Sie flüstert so leise sie kann.

»Klar«, flüstert das Pony zurück und hebt zuerst den linken, dann den rechten Vorderhuf.

Mist, ganz schön laut, denkt Emma. Aber Gott sei Dank dämpft der Teppichboden die polternden Schritte des Ponys etwas.

»Was machst du denn, Emma? Das klingt, als ob eine Herde Kühe durchs Haus laufen würde.«

»Ich hüpfe die Treppen hoch, Mama. Ich mach die Tür zum Wohnzimmer zu, damit Lucy nicht gestört wird.« Emma steckt den Kopf durch die Wohnzimmertür und lächelt Mama an. Sie hofft, dass Mama nicht misstrauisch wird, denn normalerweise ist Emma nicht so rücksichtsvoll, was ihre kleine Schwester angeht.

Mama schaut kurz auf und nickt.

Leise schließt Emma die Wohnzimmertür und läuft behände die Treppe nach oben voran. »Jetzt komm, schnell!«, zischt sie dem Pony zu, dabei beugt sie sich über das Treppengeländer.

Aber das Pony schafft es nicht alleine. Auf der Hälfte der Treppe, genau vor der Wohnzimmertür, macht es Halt und schnaubt laut aus.

»Pssssst!« Emma eilt dem Pony zu Hilfe. »Still! Und jetzt schnell, sonst merkt Mama noch was.« Mama mag Tiere, genauso wie Emma. Aber sie mag es sicher nicht, wenn ein dickes Pony mit nicht gerade sauberen Hufen durchs Treppenhaus trampelt.

Das Pony hat jetzt nicht nur ein rotes Ohr, sondern auch einen hochroten Kopf, aber tapfer hebt es die Hufe, und Emma hilft von hinten mit und schiebt den dicken Po des Ponys nach oben. Endlich sind sie in Emmas Zimmer angekommen. Emma schließt die Tür, und das Pony lässt sich erschöpft auf den weißen Schafwollteppich vor Emmas Bett sinken.

»Puhhh!«, stöhnt es. »Musst du dein Zimmer so weit oben haben?« Es pustet aus. Kleine Speichelfäden landen auf Emmas neuem Teppich.

Emma runzelt die Stirn. Den Kuschelteppich hat sie vor zwei Wochen zu ihrem neunten Geburtstag bekommen. Sie langt nach einem Taschentuch und reicht es dem Pony.

Das schaut sie völlig perplex an.

»Damit putzt man sich die Schnauze«, sagt Emma

11

und fuchtelt mit dem Taschentuch vor dem Maul des Ponys herum.

»Hä? Welche Schnauze? Hunde haben eine Schnauze, aber ich doch nicht.«

»Dann eben die Nüstern.« Jetzt wird Emma aber echt ungeduldig. Sie reibt das Maul und die Nüstern des Ponys ab und wirft das Taschentuch etwas angeekelt in den Mülleimer. »Ich will nicht, dass du meinen neuen Teppich mit deiner Spucke vollsabberst.«

»Tu ich doch gar nicht.« Das Pony dreht den Kopf zur Wand und schaut Emma nicht mehr an. Es scheint beleidigt zu sein.

Ganz schön frech, dieses Pony, denkt Emma. Aber vielleicht geht es ihm ja nicht so gut, es braucht ja Hilfe. »Hast du vielleicht Ohrenschmerzen?«, fragt sie. Ohrenschmerzen sind das Zweitschlimmste, was Emma sich vorstellen kann. Wenn sie die hat, dann wird sie unleidlich, so wie jetzt das Pony. »Papa tut mir immer Ohrentropfen ins Ohr, wenn es entzündet ist. Aber ich weiß nicht, ob ich mich das bei dir traue.« Emma betrachtet die Ohren des Ponys. Ganz schön haarig, und irgendwie ist das Loch, in das die Ohrentropfen hineinsollten, nicht richtig zu erkennen.

Das Pony dreht den Kopf wieder in Emmas Richtung und winkt ab. »Nein, ich habe weder Hunger noch Ohrenschmerzen. Es ist viel, viel schlimmer.«

»Wie heißt du eigentlich?«, fragt Emma.

Das Pony hat sich an Emmas Bett gelehnt und die Augen geschlossen. Es antwortet nicht.

»He, schläfst du?«, fragt Emma und kitzelt das Pony an seinem weißen Bauch. Aber es reagiert nicht. Dann klopft Emma den braun-weiß gefleckten Rücken und streichelt die Mähne. Immer noch nichts. Doch da hört Emma ein leises Schnarchen. Das gibt es doch nicht! Da hat Emma eine Rettungsaktion gestartet, hat Mama dabei angelogen, und jetzt sitzt dieses Pony hier auf ihrem neuen Schafwollteppich, drückt ihn mit seinem dicken Popo platt, und von den Hufen ist der Teppich an zwei Stellen ganz schmutzig und …

Das Pony öffnet die Augen. Groß und rund und tiefbraun sind sie. »Klara«, sagt es leise und schon wieder fallen ihm die Augen zu.

»Wie, du heißt Klara? Wie meine Oma?« Emma

kichert. Das muss sie Oma das nächste Mal erzählen, wenn sie zu Besuch kommt. Aber dann überlegt sie. Nein, ein sprechendes Pony. Das würde ihr nicht mal Oma Klara glauben.

»Ich heiße Emma«, sagt Emma. Sie tippt Klara, die die Augen immer noch geschlossen hat, auf die Schulter. »Klara«, sagt Emma leise, »du hast doch gesagt, du brauchst Hilfe. Wobei denn?«

Klara seufzt und schlägt die dunklen Augen auf, aus denen jetzt zwei große Tränen kullern.

Emma schluckt. Wenn sie etwas nicht haben kann, dann das. Denn immer, wenn sie jemanden weinen sieht, muss sie auch weinen. Meistens jedenfalls. Wenn ihre kleine Schwester Lucy weint, geht ihr das nicht so, aber die schreit ja eher. Aber richtig weinen, nein, das geht gar nicht.

»Was hast du denn?«, fragt Emma, dreht sich zur Seite und wischt sich schnell eine Träne ab.

»Ich bin traurig.«

»Warum?«

»Er will meine Freunde loswerden.«

»Wer will deine Freunde loswerden?« Emma versteht kein Wort.

»Der blöde Bauer Heinz.«

»Wer ist das denn?«

»Unser Besitzer. Er will, dass Frieder, Susi, Waldemar und Hildegard so schnell wie möglich verschwinden. Dabei war der Bauer eigentlich immer nett zu uns allen.«

Klara seufzt.

»Ich habe ein Gespräch belauscht, zwischen ihm und seiner Frau. Dabei hat der Bauer gesagt: ›Die Tiere müssen weg.‹ Und seit ein, zwei Wochen läuft er nur noch wütend mit einem Gewehr herum. Nur seine Frau ist freundlich zu uns. Sie war es auch, die ein gutes Wort für mich eingelegt hat. Die Bauersfrau

mag mich. Deshalb darf ich bleiben. Aber meine Freunde, die will Bauer Heinz nicht mehr haben, und deshalb hat er sie …« Jetzt versagt Klaras Stimme.

Emma setzt sich zu Klara auf den Teppich und legt den Arm um ihre Schulter. Das geht nicht so gut, denn Klaras Schulter ist ziemlich breit. Aber Emma versucht es trotzdem. Wenn Emma traurig ist, dann legen Mama, Papa oder sogar manchmal Hugo den Arm um sie und reden mit ihr. »Reden hilft«, sagt Papa immer und Mama sagt dann, »Umarmen hilft mehr.« Deshalb macht Emma am besten beides.

»Frieder, Susi, Waldemar und Hildegard – sind das deine Freunde?«

Klara nickt. »Frieder ist der Hofhund. Er ist ein Bernhardiner und hat in letzter Zeit Probleme mit seiner Stimme und seinem Bein. Er ist heiser und deshalb kann er nicht mehr laut bellen, und das Bein tut ihm dauernd weh. Der Tierarzt meint, das wird nicht mehr besser.«

Hm, Emma hat vor ein paar Wochen eine Erkältung gehabt und ist auch ziemlich heiser gewesen. Aber das ist nach ein paar Tagen wieder weg gewesen. Und als sie klein war, ist sie mal beim Fahrradfahren gestürzt. Sie hatte sogar ein Loch im Knie. Das hat vielleicht wehgetan. Aber das ist alles schon lange wieder verheilt. »Und wer sind Susi, Waldemar und Hildegard?«, fragt Emma nach.

»Susi ist eine zahnlose Katze, Waldemar ein eigensinniger Ziegenbock und Hildegard ein schwarz-weiß geflecktes Schaf. Vor allem Hildegard kann Bauer Heinz nicht mehr leiden.« Klara setzt sich etwas aufrechter hin. »Weißt du, was er zu ihr gesagt hat?«

Emma schüttelt den Kopf.

»Hildegard, du bist zu nichts nutze. Dein Fell kann ich nicht verkaufen. Wer kauft schon ein schwarz-weißes Schaffell? Das Einzige, was du zustande gebracht hast, sind schöne Lämmer. Aber das geht jetzt auch nicht mehr. Dazu bist du zu alt!« Klaras Stimme klingt jetzt richtig wütend.

Und damit steckt sie Emma an. »Deine Freunde sind also alt, und deshalb will Bauer Heinz sie loswerden?«

Klara nickt. »Er nennt uns alle nur noch die Fürchterlichen Fünf.«

»Die Fürchterlichen Fünf?« Emma ist entsetzt. »Wie gemein!« Dann fragt sie nach: »Also du darfst bleiben, weil die Bäuerin dich mag, aber deine Freunde müssen weg?«

Klara nickt.

»Was will er denn mit deinen Freunden machen?«

Klara seufzt tief. »Er hat meine Freunde in einen Stall gesperrt. Und heute morgen, da habe ich gehört, wie Bauer Heinz zu seiner Frau Malu gesagt hat, dass er keine Zeit mehr verlieren will. Es reicht ihm jetzt. »Sie müssen heute noch weg!«, hat er gesagt und dabei hat er furchtbar böse geschaut.«

»Deine Freunde sind jetzt in einem Stall eingesperrt? Will er sie denn woanders hinbringen?« Emma überlegt, was der Bauer vorhaben könnte.

»Ich weiß es nicht«, sagt Klara. »Vielleicht will er meine Freunde alle zusammen in ein Heim für alte Tiere bringen. Ich habe gehört, dass es so etwas gibt. Aber ich will nicht, dass meine Freunde dorthin kommen. Wir wollen zusammenbleiben. Wir haben doch schon immer auf dem Bauernhof gewohnt.« Klara lässt den Kopf hängen.

»Nein! Ein Altersheim für Tiere!« Vor Schreck hat Emma sich in die Backe gebissen. Das tut richtig weh. Aber das ist jetzt nicht wichtig, denn sie ist entsetzt darüber, was der Bauer plant. »Das kann er doch nicht machen«, sagt Emma zu Klara. Ihre dunkelblauen Augen weiten sich vor Schreck.

»Seine Frau hat versucht, ihn zu beruhigen. Aber er war so wütend. Und es ist doch bald Abend. Vielleicht sind meine Freunde schon weg …« Jetzt kann Klara nicht mehr sprechen, ihre Tränen laufen.

Emma steht auf und geht aufgeregt im Zimmer umher. Das tut sie immer, wenn sie nachdenkt. Und jetzt muss sie nachdenken. Sie bemerkt, dass Klara sie beobachtet, aber sie kann jetzt nicht erklären, warum sie beim Denken immer laufen muss. Es ist einfach so. Emma geht, und Klara beobachtet sie dabei. Schließlich bleibt Emma stehen. »Warum bist du eigentlich ausgerechnet zu mir gekommen?«, fragt sie Klara.

»Weil mein Ohr so rot geleuchtet hat wie noch nie.«

»Bitte?« Emma versteht nur Bahnhof.

»Mein Ohr fängt an zu leuchten, wenn jemand in der Nähe ist, der meine Sprache verstehen kann.«

»Aha!« Emma hat immer noch keine Ahnung, wovon Klara spricht.

»Und als ich an eurem Haus vorbeigekommen bin,

da wurde mein Ohr plötzlich so warm und so rot wie noch nie. Und da wusste ich ...«

Plötzlich wird die Tür aufgerissen. »Emma, hast du den Dreck auf der Treppe gemacht? Mama ist total stinkig und hat mich ...« Im Zimmer steht Hugo, Emmas Bruder. Aber er steht nicht lange und sprechen tut er jetzt auch nicht mehr. Vor Schreck will er sich auf Emmas Bett plumpsen lassen, fällt daneben und sitzt nun neben Klara, die ihn mit großen Augen anstarrt.

»Ahhh!«, schreit Hugo.

»Welche Tiere, und warum will er sie wegbringen?«, fragt Hugo.

Emma bemerkt, wie Klara ihren Bruder von der Seite ansieht. Er hört zu, scheint aber nichts zu verstehen. Mein Bruder hat aber auch manchmal eine lange Leitung, denkt Emma. Beim Schachspielen ist Hugo super und Achmed, Hugos Freund, ärgert sich immer schrecklich, wenn Hugo ihn mal wieder besiegt hat. Aber bei solch praktischen Dingen wie einem Pony helfen, da stellt sich ihr ein Jahr älterer Bruder so was von an. Jetzt drückt Hugo sich noch ein wenig mehr in die Ecke, Klara sitzt immer noch auf dem Teppich, und Emma hat sich in ihren Lesesessel gekuschelt.

»Krass, warum versteh ich dich?«, unterbricht Hugo Klara, die ihm gerade noch einmal versucht zu erklären, warum sie hier ist.

»Kinder, die Tiere mögen, verstehen mich«, sagt Klara. »Ganz einfach.«

»Aber ich mag doch gar keine Tiere. Ich mag Flugzeuge und Sterne und Schach …«

»Und Chrissy aus deiner Klasse.« Emma grinst.

Auf Hugos Wangen zeigen sich kleine rote Flecken. Er steht auf und schubst Emma an der Schulter. Fast wäre sie aus dem Sessel gefallen.

»Manno, du Doofie!« Emma setzt sich wieder gerade hin und schubst Hugo zurück, der wieder auf Emmas Bett plumpst.

»Vielleicht weißt du nicht, dass du Tiere magst.«
Klara legt einen Huf auf Hugos Oberschenkel, aber
der zuckt zurück. »Oder du magst vielleicht kein Pony
wie mich, aber einen Hund oder eine Katze oder …«

»Nee, ganz sicher nicht.« Hugo drückt sich jetzt
ganz eng an die Wand, so dass Klaras Huf auf die Bettdecke zurückfällt.

Sie zieht den Huf wieder zurück.

Emma grinst noch einmal. Ihr großer Bruder hat
nämlich fürchterliche Angst vor Hunden. Vor allem
vor dem Nachbarshund, einem riesigen Grönländer,
den Emma ab und an besucht. Sie liebt es, sein Fell
zu knuddeln und jedes Mal, wenn Emma den Grönländer streichelt, hält er ganz still, drückt sich an sie
und wedelt mit dem Schwanz. Aber jetzt besinnt sich
Emma. Sie müssen schleunigst überlegen, wie sie
Klaras Freunden helfen können. »Ist doch egal, ob du
Tiere magst oder nicht«, sagt sie zu Hugo. »Klara
braucht unsere Hilfe, und zwar schnell. Wir müssen
ihre Freunde befreien, bevor der Bauer sie wegbringt.

Hugo runzelt die Stirn.

»Du hast doch immer so gute Ideen!«, sagt Emma
zu ihm und schaut ihm direkt in die Augen. Sie weiß

genau, jetzt fühlt sich ihr großer Bruder geschmeichelt. Hugo liebt schwierige Aufgaben, und das hier, das ist eine schwierige Aufgabe. Emma beobachtet, wie ihre Worte wirken, und es scheint geklappt zu haben, denn die Falten auf Hugos Stirn sind fast wieder verschwunden.

»Also gut«, sagt Hugo. »Ich überlege.« Er zieht seine Beine an den Körper und legt den Kopf auf die Knie. So kann er am besten denken, das weiß Emma. Emma muss laufen, Hugo muss ganz still sein, sich nicht bewegen und er muss die Augen dabei schließen.

Klara schaut sie beide mit ihren großen Augen an. Es ist mucksmäuschenstill in Emmas Zimmer. Klara schaut Emma an, Emma schaut Hugo an, und Hugo hat die Augen geschlossen, den Kopf auf den Knien und überlegt. Seine blonden Locken stehen dabei nach allen Seiten ab.

Eigentlich will Emma auch nachdenken, aber sie darf jetzt nicht herumlaufen, das würde Hugo stören. Aber auch so purzeln ihr tausend  Ideen durch den Kopf. Sie könnten eine Schur legen, der Bauer fällt darüber und verstaucht sich ein Bein, oder sie könnten den Bauer in seinem eigenen Haus einsperren, dann könnte er nicht mehr raus und die Tiere wegbringen. Emma nimmt eine ihrer blonden Haarsträhnen und dreht sie mit dem Zeigefinger, bis es ziept. Nein, sie hat eine viel bessere Idee. »Wir machen es so …«, sagt Emma.

»Pssst!« Hugo hebt den Kopf und wirft ihr einen missbilligenden Blick zu. »Ich denke.«

»Aber …«

»Still! Es dauert noch.«

Emma muss sich beherrschen. Aber sie weiß, wenn sie Hugo jetzt nicht in Ruhe lässt, dann wird er sauer und wird ihnen nicht helfen. Sie zappelt mit den Füßen wie immer, wenn sie ungeduldig ist. Aber es nützt nichts. Hugo sagt keinen Ton.

Klara schaut beide abwechselnd an, Emma zuckt die Schultern. Sie weiß auch nicht, warum er so lange braucht.

Endlich hebt Hugo den Kopf. »Wie bist du aus dem Bauernhof herausgekommen?«, fragt er Klara.

»Ich stand auf der Wiese und habe mich so lange gegen das Tor im Gatter geschmissen, bis es aufgesprungen ist. Da konnte ich weglaufen.«

»Hat Bauer Heinz bemerkt, dass du weggelaufen bist?«

Klara runzelt die Stirn. »Vielleicht.«

»Warum sind die anderen nicht mit dir mitgekommen?«

»Bauer Heinz hat Frieder, Susi, Hildegard und Waldemar in einen leeren Stall gesperrt. Hab ich doch vorhin schon erzählt. Ich durfte noch ein wenig draußen grasen. Ich hab's mit dem Rücken und muss laufen, dann geht es mir besser.«

»Meinst du, du könntest wieder unbemerkt zum Bauernhof zurück?«, fragt Hugo Klara.

»Ich? Nein! Ich gehe nicht mehr zurück.«

Klara ist zusammengezuckt. »Nachher kommt er noch auf die Idee und bringt mich auch in dieses Tier-Altersheim.«

»Nein, natürlich kannst du hierbleiben.« Emma schaut Hugo mit gerunzelter Stirn an. Wie kommt er bloß auf die Idee, dass Klara noch mal auf diesen schrecklichen Bauernhof zurückgehen sollte?

»Es ist aber wichtig.« Hugo schaut Klara an. »Du musst deinen Freunden von unserem Plan erzählen.«

»Von welchem Plan denn?« Klaras setzt sich etwas aufrechter hin.

»Also, hört zu. Wir machen es so. Du gehst noch mal zum Bauernhof und dann …«

»Emma, Hugo, Abendessen!«, ruft Mama von unten.

»Mann, ich hab jetzt gar keinen Hunger!« Emma stöhnt auf. Aber eigentlich grummelt ihr Magen schon seit Stunden. Nur, das hier, das ist so spannend!

»Wir müssen was essen«, sagt nun ihr großer Bruder, der eigentlich nur einen Zentimeter und einen halben größer ist als sie. »Wir müssen Kräfte sammeln, denn heute Abend kann es ganz schön anstrengend werden.« Hugo schaut Emma und Klara in die Augen, und die beiden nicken.

»Ist etwas passiert?«, fragt Mama Emma und Hugo. »Ihr seid so still heute.« Mama setzt Lucy in den Kinderstuhl und zerschneidet ihr ein Butterbrot in winzige Schnittchen.

Lucy nimmt ein Stück, schiebt es sich in den Mund und patscht mit ihren Händen auf den Butterbrotteller.

»Nööö«, sagen Emma und Hugo gleichzeitig und schauen Mama unschuldig an.

»Was war denn das für ein Dreck auf der Treppe?«, fragt Mama. Dabei schaut sie Emma an.

Emma beißt von ihrem Käsebrot ab und kaut. »Ich war kurz drauschen und da schind meine Schuhe schmutzig geworden und …« Es ist gar nicht so einfach, mit vollem Mund zu reden.

»Emma, iss bitte erst fertig, bevor zu sprichst.«

Emma schluckt die Reste von ihrem Käsebrotbrei hinunter. Sie hat jetzt doch riesigen Appetit bekommen und belegt sich gleich noch mal ein Brot mit Emmentaler-Käse.

»Aha«, sagt Mama. »Draußen ist es doch gar nicht schmutzig. Es hat ja schon lange nicht mehr geregnet. Es sah aus, als ob ein kleines Ferkel durchs Treppenhaus gelaufen wäre.«

»Echt? Tut mir leid, Mama.« Wenn Emma sich entschuldigt, ist Mama zufrieden. Meistens jedenfalls. Aber heute scheint sie es nicht zu sein. Sie schaut so komisch.

Hugo tut so, als ob ihn das alles gar nichts anginge. Er greift nach seinem Krümelbrot und versucht Butter darauf zu streichen. Hugo ist allergisch, gegen vieles und darf nur allergenfreies Brot essen. Was immer das auch ist, denkt Emma. Auf alle Fälle ist sie froh, dass sie das Zeug nicht essen muss.

»Wo ist Papa?«, fragt Hugo jetzt, und Emma merkt, dass er ablenken will.

»Weißt du doch, er spielt Basketball. Macht er doch immer freitags.«

»Ach so.«

»Ich muss nachher kurz weg. Nicht lange. Könnt ihr auf Lucy aufpassen?«

»Ach Mann, Mama, warum das denn?« Hugo lässt sein Messer auf den Teller fallen. Das klirrt ganz schön laut. »Dieses blöde Brot! Ich will was anderes essen.«

»Ich hab noch ein glutenfreies Brötchen vom Bäcker. Vielleicht magst du das lieber.«

»Nee, mag ich auch nicht.« Hugo verschränkt seine Arme vor der Brust.

Emma stupst ihren Bruder unter dem Tisch mit dem Fuß an. Mann, er darf doch Mama jetzt nicht ärgern, sonst können sie überhaupt nichts planen. Ist doch gut, wenn sie nachher weg ist.

Hugo scheint ihre Gedanken zu verstehen. Er steht

auf und geht in die Küche. Von oben hört man einen dumpfen Schlag.

Emma erschrickt, und Mama schaut schon wieder so komisch.

»Was war das denn?«, fragt sie Hugo, als er zurückkommt.

»Was?«

»Dieser Schlag.«

»Oh, ich bin gerade gegen den Schirmständer gelaufen.«

»Aber das Geräusch kam doch von oben.« Mama runzelt die Stirn.

Hugo legt ein Brötchen und zwei Äpfel auf seinen Teller.

»Du darfst doch jetzt keine Äpfel essen, die brauchen wir doch für …« Emma schlägt sich die Hand vor den Mund. Wie blöd von ihr!

»Warum darf Hugo denn keine Äpfel essen? Gegen Äpfel war er doch noch nie allergisch.« Mama schaut Emma an. Und wir haben doch noch eine ganze Kiste Äpfel im Keller.« Sie schüttelt den Kopf.

»Tut mir leid, Mama«, sagt Emma und schenkt sich noch mal Apfelsaft ein.

»Irgendwie entschuldigst du dich heute sehr oft.« Mama langt über den Tisch, drückt mit zwei Fingern Emmas Kinn etwas nach oben und fragt. »Führst du irgendwas im Schilde, Emmilein?«

»Ich, nee. Nein, alles gut. Wir passen nachher auf Lucy auf. Du kannst ruhig gehen.«

»Okay«, sagt Mama, aber irgendwie fühlt sich das für Emma nicht wie ein richtiges Okay an. Wenn Mama Emmilein zu ihr sagt, dann ist sie misstrauisch oder ärgerlich. Heute ist sie vielleicht beides, wegen der Sauerei auf der Treppe und weil sie sich ständig entschuldigt.

Mama schaut Emma tief in die Augen, aber Emma bleibt standhaft und wendet den Blick nicht ab.

Schließlich sagt Mama: »Ich beeile mich auch. Dauert sicher nicht lange. Muss nur Herrn Bäumer von gegenüber mit dem Internet helfen. Er hat Probleme damit. Ich kann mich doch auf euch verlassen?«

Emma und Hugo nicken.

Kurz darauf sind sie mit dem Abendessen fertig, und Mama gibt ihnen noch ein paar Anweisungen. »Lasst Lucy nur auf dem Boden krabbeln. Sie darf nicht aufs Sofa, sonst fällt sie wieder runter, wie neulich, und macht die Wohnzimmertür zu, damit sie nicht die Treppe runterfä…«

»Ja, Mama.« Emma und Hugo stehen dicht nebeneinander. Hinter ihnen liegt Lucy auf ihrer Krabbeldecke und patscht mit ihren dicken Händchen gegen ein Gestell an dem lauter Glöckchen hängen. Sie juchzt laut.

»Wir passen gut auf sie auf, Mama«, sagt Hugo. »Du kannst jetzt gehen.«

»Was ist nur mit euch los?«, murmelt Mama vor sich hin und zieht sich ihre Jacke über, aber dann lässt sie endlich die Tür hinter sich ins Schloss fallen.

Emma und Hugo atmen aus.

Von oben hören sie noch mal einen dumpfen Schlag.

»Oh je, vielleicht ist Klara was passiert!« Emma rennt die Treppe nach oben, Hugo dicht auf ihren Fersen.

Lucy hebt den Kopf, grinst, dass ihre fünf Zähnchen zu sehen sind, und krabbelt los.

5

»Klara, was machst du denn da?« Emma ist entsetzt.
Auf dem Boden und dem Teppich liegen verstreut lose
Schulblätter, das angefangene Pferdekopfbild und ihre
Buntstifte. Kleine spitze Bleistiftspäne haben sich in ihren Schafwollteppich gegraben. Das Fenster, das vorhin
nur angelehnt war, ist jetzt offen, der Wind bläst herein
und die fliegenden Gardinen haben Emmas sorgfältig
sortierte Pferdeaufkleberbilder vom Regal gefegt.

Hugo rennt zum Fenster, schließt es, und Emma
muss sich vor Schreck erst mal aufs Bett setzen. Sie
hasst es aufzuräumen, und sie hasst es, immer wieder
neu zu sortieren. Und die Aufkleber waren nach Pferde-
Rassen sortiert. Von A wie Araber bis Z wie Zwei-
brücker Warmblut. Mann!

»Es war so stickig hier drin, ich wollte das Fenster
ganz öffnen ...« Klara schaut Emma schuldbewusst
an, »und da ...«

Emma winkt ab, und Hugo meint: »Das ist jetzt nicht wichtig. Wir haben keine Zeit zu verlieren. Mama ist nur kurz weg, und deshalb werden wir jetzt ganz schnell deine Freunde befreien.«

»Jetzt sofort?« Klara legt sich einen Huf in den Rücken. »Ich dachte, ich könnte mich noch etwas ausruhen.«

»Du hast doch gesagt, dass der Bauer deine Freunde heute noch wegbringen will«, unterstützt Emma ihren Bruder.

Klara nickt.

»Na dann!« Emma schaut auf die Uhr. Es ist kurz nach sechs Uhr abends. Mama hat gesagt, sie beeilt sich. Als sie Herrn Bäumer das letzte Mal geholfen hat, war sie eine Stunde weggewesen. Aber auch das ist knapp. Und da fällt Emma noch etwas ein. »Was machen wir mit Lucy?«, fragt sie Hugo.

Kurz überlegt ihr Bruder, dann sagt er: »Wir nehmen sie mit.«

»Wer ist Lucy?«, fragt Klara erstaunt.

»Unsere Schwester«, sagen beide wie aus einem Mund, und irgendwie fühlt sich das schön an, denkt Emma. Aber kaum hat sie diesen wunderbaren Gedanken genossen, hört sie einen fürchterlichen Schrei von unten.

Ein kurzer Blick zu Hugo. Lucy! Meine Güte, sie haben Lucy vergessen.

Hugo stürzt die Treppe nach unten, Emma ist knapp hinter ihm. Klara braucht etwas länger.

Lucy liegt bäuchlings, mit dem Kopf voraus, über den ersten beiden Treppenstufen, die nach unten Richtung Küche führen. Sie schreit wie am Spieß.

Hugo kommt als Erster bei ihr an, greift nach Lucy, bevor sie noch weiter nach unten rutschen kann und hebt sie rasch hoch.

Und sofort verstummt Lucy in Hugos Armen. Eine letzte große Träne versickert in ihrem roten T-Shirt. Sie drückt sich an ihren großen Bruder und bemerkt dann Klara, die jetzt auch endlich vor dem Wohnzimmer angekommen ist. Eine dicke Falte macht sich auf Lucys Stirn breit. Und dann passiert etwas, was Emma kaum glauben kann. Die Falte verschwindet. Lucy grinst über beide Backen und strahlt Klara mit ihren schwarzen Kulleraugen an, so dass Klaras Ohr rot, röter und immer röter wird. Es scheint so, als ob Lucy Tiere genauso mag wie Emma, oder sogar noch etwas mehr.

Doch jetzt müssen sie sich beeilen. Hugo erklärt ihnen kurz seinen Plan. Ein guter Plan, wenn er klappt. Und er muss klappen. Sie ziehen sich rasch etwas über, setzen Lucy in den Kinderwagen, schließen ab, und dann geht es los.

Emma bemerkt, wie im Haus gegenüber ein Vorhang wackelt. Dort wohnt die alte Frau Hagenbuch. Hoffentlich war das nur der Wind, der die Gardine bewegt hat. Aber jetzt kann Emma sich darüber keine Gedanken mehr machen. Sie rennen los.

Klara galoppiert voraus und zeigt ihnen den Weg zum Bauernhof. Es ist nicht weit, denn der Hof von Bauer Heinz liegt am Rand des Parks, in dem Hugo und

Emma schon oft mit ihren Eltern und Lucy spazieren waren. Vor allem gibt es dort einen Kiosk, in dem es das leckerste Tüteneis gibt, das Emma je gegessen hat. Wenn sie an ihr Lieblingszitroneneis denkt, läuft ihr das Wasser im Mund zusammen.

»Kommt ihr?«, ruft Hugo, der – zusammen mit Lucy im Kinderwagen – an ihnen vorbeigezogen ist und jetzt sicher an die zwanzig Meter vor ihnen rennt. Meist ist Hugo nicht so schnell, aber jetzt, wo es um die Rettung von Klaras Freunden geht, da kann er richtig rennen.

Emma und Klara kommen kaum nach, und Emma merkt, dass ihrer neuen Ponyfreundin langsam die Puste ausgeht.

Klara schnaubt immer wieder auf.

»Kannst du noch?«, fragt Emma Klara.

Die nickt, schnauft noch einmal tief durch und fällt dann in einen leichten Trab. »Geht schon. Wir müssen doch den anderen helfen. Ausruhen kann ich später.«

Emma rennt neben Klara her, sie werden schneller, bis sie bei Hugo und Lucy ankommen.

Gott sei Dank sind heute Abend nur wenig Menschen im Park. Vielleicht, weil der Wind immer stärker wird und ein Gewitter im Anzug ist. Emma sieht von weitem nur ein paar Fahrradfahrer, die gerade um die Ecke in Richtung des kleinen Wäldchens biegen, der an den Park anschließt.

»Beeilt euch, sonst sind deine Freunde vielleicht schon weg«, sagt Hugo leicht außer Atem, aber er rennt immer schneller.

Emma und Klara sind knapp hinter ihm.

Lucy scheint das Geschaukel in ihrem Kinderwagen zu gefallen. Sie lacht und quietscht immer lauter. Plötzlich wird Hugo langsamer. Schließlich stoppt er, und mit ihm Emma und Klara. »Er deutet nach vorne auf ein Bauernhaus mit Ställen. »Ist das der Hof?«

Klara nickt.

»Du weißt, was du zu tun hast.«

Klara nickt noch einmal.

»Bereit?«

Klara atmet tief aus, und Emma sieht, wie Klara schwitzt.

»Du schaffst das!«, sagt sie zu ihr.

Klara schluckt und schaut sie mit vor Schreck geweiteten Augen an.

6

»Wie besprochen, Klara«, sagt Hugo. »Du wartest, bis
wir an der Haustür geklingelt haben. Dann öffnest du
die Tür zum Stall, in dem Bauer Heinz deine Freunde
eingesperrt hat.«

»Aber was, wenn der Bauer mich erwischt?« Klaras
Stimme klingt zaghaft.

»Wir lenken ihn ab«, sagt Hugo. »Das haben wir
doch ausgemacht.«

»Okay«, sagt Klara, aber überzeugt klingt sie nicht.
»Und dann hole ich Frieder, Susi, Waldemar und
Hildegard raus und …« Sie stutzt. »Aber, ich kann den
Stall doch gar nicht öffnen. Die Tür ist abgeschlossen.«

»Mist!«, sagt Hugo. »Warum hast du das denn nicht
gleich gesagt? Und jetzt?«

Die Drei schauen sich an, keiner sagt etwas.

»Hat Bauer Heinz den Schlüssel?«, fragt Emma
schließlich.

»Nein, der liegt auf dem Fensterbrett, neben der Stalltür. Aber ich
komme da weder hin, noch kann ich
mit meinen Hufen einen Schlüssel halten oder
drehen.«

Kurz überlegt Emma, dann sagt sie: »Wir machen
es anders. Ich helfe Klara, und du«, sie schaut ihren
Bruder an, »du lenkst den Bauern zusammen mit Lucy
ab.«

Hugo nickt. »Und danach treffen uns wieder dort,
an der Holzbank.« Er dreht sich um und deutet auf
die bunt bemalte Bank, die ein paar Meter weiter hinten neben einer fast noch kahlen Buche steht. »Alles
klar?«

Klara nickt wieder. Dann fragt sie: »Was machen
wir denn, wenn wir meine Freunde befreit haben? Wo
können wir dann hin?«

»Da hab ich schon eine Idee«, sagt Emma und
lächelt Klara an.

Leise schleichen sich die drei noch näher an den Bauernhof heran. Sie verstecken sich hinter einigen Wei-
denbüschen. Klara steckt den Kopf durch zwei Äste.

46

»Die Tür zum Kuhstall ist zu, also ist der Bauer mit dem Melken fertig«, sagt sie und deutet auf einen langgezogenen Stall.

Emma und Hugo nicken stumm.

»Wahrscheinlich ist er im Haus. Er isst nach dem Melken immer zu Abend.«

»Also, Beeilung! Wir haben keine Zeit mehr.« Hugo nickt ihnen noch einmal zu, dann schnappt er sich den Kinderwagen mit Lucy, die gerade eingeschlafen ist, und läuft mit ihr Richtung Haustür.

Emma und Klara beobachten ihn angespannt.

Hugo schaut sich noch einmal verstohlen zu ihnen um. Er nickt ihnen unauffällig zu, und da sieht Emma schon, wie er auf die Klingel drückt. Die Tür geht auf, und eine schlanke Frau kommt heraus.

»Die Bauersfrau«, flüstert Klara. Jetzt sehen sie, wie Hugo und die Frau miteinander reden, und schließlich verschwindet Hugo samt Kinderwagen im Haus.

Emma bemerkt, wie Klara nervös auf das Bauernhaus starrt.

»Los geht's! Jetzt befreien wir deine Freunde«, sagt Emma und läuft los.

Klara galoppiert direkt auf einen Stall zu, der so klein ist, dass kaum Hühner darin Platz haben.

Emma rennt Klara hinterher.

Klara deutet auf das Fensterbrett, und Emma versteht. Da oben muss der Schlüssel liegen. Emma hat zwar ganz schön lange Beine, aber sie ist nicht so groß, dass sie bis ans Fensterbrett kommt. Mist, denkt sie und schaut sich um. Sie entdeckt einen alten Blecheimer vor dem Stall. Rasch schnappt sie ihn sich, stellt ihn unter das Fensterbrett und steigt auf den Eimer. Er kippelt ein wenig. Emma schwankt, und Klara ruft: »Pass auf!« Aber Emma erlangt das Gleichwicht sofort wieder, greift nach dem Schlüssel, der unter einem umgedrehten Blumentopf liegt, schwenkt ihn triumphierend in der Luft und läuft mit Klara zur Stalltür.

Sie hören ein heiseres Kläffen von innen, dann ein Scharren von Hufen.

»Ich bin es, Klara.« Klara hat sich zum Schlüsselloch gebeugt und flüstert.

Es scheint, als ob ihre Freunde sie nicht erkannt haben, denn von drinnen hört man ein paar aufgeregte Stimmen.

»Beeil dich«, sagt Klara zu Emma, »sie dürfen nicht noch lauter werden, sonst bemerkt der Bauer uns.« Emma sieht, wie Klara die Haustür des Bauernhofs beobachtet. Aber da rührt sich nichts.

Emma steckt den Schlüssel ins Schloss der Stalltür, dreht ihn um, drückt die Klinke nach unten und öffnet die Tür. Dann schiebt sie Klara nach vorne. Klaras Freunde sollen zuerst Klara sehen, sonst bekommen sie am Ende Angst, wenn ein Kind vor ihnen steht. Und dann werden sie vielleicht noch lauter und fangen an zu bellen, zu miauen, zu blöken und zu meckern. Klara tritt ein, Emma huscht hinter ihr in den Stall und schließt die Tür. Irgendwie müffelt es hier schrecklich. Aber das ist jetzt egal. Emma blinzelt, sie sieht erst mal nichts, denn es ist fast stockdunkel hier drin. Zuerst ist es still, dann hört sie Stimmen. Eine heisere, eine piepsige, eine blökende und eine meckernde rufen durcheinander: »Klara,

endlich …«, »Wie schön!«, »… so vermisst«, »der
Bauer will …!«

Und dann kann Emma allmählich etwas erkennen.
Einen großen zottigen Hund, der Klaras Nüstern ab-
schleckt; ein geflecktes Schaf, das sich an Klaras dicken

Bauch drückt; ein Ziegenbock, der sich vor Klara aufgebaut hat und sie streng anschaut. Aber da fehlt doch noch jemand. Schließlich bemerkt Emma die durchdringenden grünen Augen einer Katze, die sich verschreckt in eine Ecke drückt und jetzt keinen Ton von sich gibt. Die anderen reden wild durcheinander. Emma kann nichts verstehen, so laut ist es, bis Klara mit durchdringender Stimme sagt: »Schluss! Seid endlich still! Sonst werden wir entdeckt.«

Augenblicklich verstummen alle, sogar der Ziegenbock, der am lautesten gemeckert hat. Und Klara kann endlich erklären, wo sie so lange war.

»Und das ist Emma.« Klara dreht sich zu Emma um, die immer noch hinter ihr steht. Sie tritt einen Schritt zur Seite und jetzt endlich sieht Emma Klaras Freunde ganz deutlich: den Hofhund Frieder, mit der heiseren Stimme, den zickigen Ziegenbock Waldemar, Hildegard, das schwarz-weiße Schaf, und sogar die zahnlose Susi traut sich aus ihrer Ecke, macht ein paar Schritte nach vorne und setzt sich neben die anderen.

»Hallo«, sagt Emma, und sie merkt, dass sie vor so vielen alten Herrschaften fast verlegen wird.

»Emma und ihr Bruder Hugo helfen uns, zu fliehen. Und das muss jetzt ganz schnell gehen«, erklärt Klara.

»Natürlich, superschnell, weg hier ...!« Schon wieder reden Klaras Freunde durcheinander.

»Mäuler zu!«, zischt Klara. »Keinen Ton mehr!«

Abrupt verstummen alle, und Emma merkt, dass Klara sich ganz schön schnell Respekt verschaffen kann. Jetzt ist es mucksmäuschenstill im Stall. Frieder, Waldemar und Hildegard schauen Klara erwartungsvoll an. Nur Susi hat die Augen zugemacht.

»Wir öffnen jetzt die Tür, und ihr schleicht euch hinter mir nach draußen. Dabei macht ihr keinen Piep. Verstanden?«

Frieder, Waldemar und Hildegard nicken. Susi nickt nicht, schaut jetzt aber Emma mit riesigen funkelnden Augen an.

»Ihr folgt mir. Emma wird die Stalltür schließen und dann rennt ihr, so schnell ihr könnt, hinter mir her. Verstanden?«

Klaras Freunde nicken wieder.

»Seid ihr bereit?«

Noch einmal kommt ein Nicken, und Emma merkt, wie Susi sich ängstlich an Frieder drückt.

»Ich glaube, Susi fürchtet sich.« Frieder schleckt Susi über das Gesicht. Er mag es wohl zu schlecken, aber Susi hat sich schon wieder in eine Ecke verzogen.

»Susi, komm her. Du setzt dich auf meinen Rücken«, sagt Klara. »Ich trage dich.« Die alte Katze kommt langsam ein paar Schritte auf Klara zu, und Emma kann sie sich endlich genauer ansehen. Was für ein schönes weiß-grau geflecktes Fell Susi hat.

Klara geht ein wenig in die Knie, und Susi drückt sich vorsichtig an Emma vorbei und springt auf Klaras breiten Ponyrücken.

»Also, es kann losgehen!«, flüstert Klara ihren Freunden zu und schaut Emma in die Augen.

Emma nickt. Sie dreht sich um und will gerade die Türklinke nach unten drücken, als sie Schritte von draußen hört.

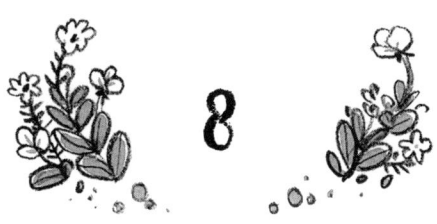

8

»Oh, nein, da kommt Bauer Heinz! Er hat seine Arbeitsstiefel an. Die hört man immer schon von weitem.« Erschrocken flüstern die Tiere durcheinander und drängen sich dicht an Klara.

Emma läuft zum Stallfenster, klettert auf eine Kiste, die darunter steht, und lugt vorsichtig hinaus. Sie sieht einen Mann in Arbeitskleidung und Hut. Er geht auf den Stall zu. Emmas Herz klopft laut. Nein! Er darf Klara und sie nicht entdecken. Sonst war alles umsonst!

Emma beobachtet, wie der Bauer mit schleppenden Schritten näherkommt, direkt auf das Fensterbrett zu. Jetzt bleibt er stehen und schaut verwundert auf den Eimer, den Emma vorhin vor das Fenster gestellt hat. Mist! Sie hat vergessen, den Eimer wieder zurückzustellen. Nun tritt der Bauer näher, streckt die Hand nach oben, versucht nach dem Schlüssel zu grei…

Emma duckt sich. Das Herz klopft ihr bis zum Hals. Die anderen fünf schauen sie mit riesengroßen Augen an. Keiner spricht. Es ist furchtbar still im Stall.

Emma wagt kaum zu atmen. Da hört sie eine laute Stimme rufen: »Gregor, Telefon!«

Emma hebt den Kopf.

Der Bauer ist stehengeblieben, er schaut irritiert, dreht sich um und geht wieder Richtung Haus.

Das muss die Bauersfrau gewesen sein, die ihn gerufen hat. Emma sieht die Frau, mit der Hugo vorhin im Haus verschwunden ist, an der Haustür stehen. Sie hält etwas in der Hand, mit dem sie winkt. Vielleicht ein Handy.

»Er geht weg!«, flüstert Emma den anderen zu und beobachtet den Bauern. Immer noch spricht keiner ein Wort. Es scheint ewig zu dauern, bis der Bauer an der Haustür angekommen ist.

»Die Luft ist rein, er ist im Haus!« Emma springt von der Kiste, und jetzt geht es los. Wie abgemacht. Klara trabt voraus, die anderen hinterdrein. Emma schließt leise die Stalltür hinter sich. Verstohlen schaut sie immer wieder zum Bauernhaus, aber die Tür bleibt geschlossen. Gott sei Dank! Emma rennt, Klara galoppiert, Frieder läuft, dabei zieht er ein Bein etwas hinter sich her. Waldemar, der Ziegenbock, und Hildegard, das schwarz-weiße Schaf, springen so schnell sie können. Und Susi? Sie hat einen Satz von Klaras Rücken gemacht, und jetzt rennt auch sie.

Endlich kommt die bunt bemalte Bank in Sicht, an der sie sich vorhin mit Hugo verabredet haben.

Und da steht Hugo auch schon mit Lucy im Kinderwagen. Er fuchtelt mit den Armen, ruft ihnen zu, sie sollen sich beeilen, und Lucy, die wieder aufgewacht ist, quietscht und hüpft in ihrem Wagen. Gut, dass Hugo sie angeschnallt hat, sonst wäre sie sicher herausgefallen.

Außer Atem kommt Emma bei Hugo an. Sie will wissen, wie er die Bauersfrau abgelenkt hat, aber er winkt ab.

»Wir müssen schnell zurück. Mama kommt sicher bald heim.«

»Und wir? Was machen wir jetzt?« Klara steht unschlüssig neben Emma. Ihr Fell glänzt, als würde sie schwitzen. Neben ihr sitzen Frieder und Susi. Frieder hechelt, Susi hat die Augen geschlossen. Waldemar und Hildegard lehnen an der Bank. Sie atmen hektisch.

Emma überlegt keine Sekunde. Schließlich hat sie ihren Plan schon lange im Kopf. »Ihr kommt mit uns nach Hause«, sagt sie zu Klara und bemerkt aus dem Augenwinkel heraus Hugos erstauntes Gesicht.

»Klar kommt ihr mit, alle fünf, alle Fürchterlichen Fünf«, sagt Emma und schaut auch den Tieren in die Augen. Frieder, dem humpelnden Hund; Susi, der zahnlosen Katze; Waldemar, dem alten Ziegenbock; und Hildegard, dem schwarz-weißen Schaf. Sie alle kommen mit.

So schnell sie können flitzen sie durch den Park. Sicher sehen sie merkwürdig aus, denkt Emma: Ein rennendes Mädchen und ein rennender Junge, ein juchzendes Kind im Kinderwagen, ein hinkender Hund, eine schleichende Katze, die immer wieder hinter den anderen zurückbleibt, ein Ziegenbock, ein schwarz-weißes Schaf und ein Pony, das immer langsamer wird und gelegentlich vor sich hinmurmelt: »Mein armer Rücken.«

Ab und an schaut Hugo auf sein Handy. »Beeilt euch!«, treibt er Emma und die anderen an. Das Gewitter ist vorbeigezogen. Trotzdem ist im Park wenig los, vielleicht, weil es bald dunkel wird.

»Sag schon, wie hast du es geschafft, dass dich die Bauersfrau ins Haus gelassen hat?«, keucht Emma, während sie neben Hugo herrennt.

Hugo grinst. »Geheimnis!«

»Bitte!«, sagt Emma und stupst Hugo in die Seite.

»Ich habe so getan, als hätte ich mich an der Hand verletzt.«

»Wie?«

»Ich habe gesagt, dass ich hingefallen bin und mir die Hand verstaucht habe.«

»Hä? Und das hat dir die Bauersfrau geglaubt?«

»Klar.«

»Und was hat sie dann gemacht?«

»Sie hat mir eine Salbe draufgetan. Die hat super gut gerochen.« Hugo grinst noch einmal, und Emma merkt, dass er richtig stolz ist. Kann er ja auch sein. Das war ganz schön mutig und auch klug von ihm.

Sie biegen um eine Ecke, bald sind sie zu Hause. Emma schaut sich um. Die anderen sind dicht hinter ihnen.

»Und?«, fragt Hugo, »was ist dein Plan? Was sollen wir mit den Fürchterlichen Fünf machen?« Er atmet laut.

»Garage«, sagt Emma. Echt schwierig, beim Rennen zu reden.

»Wie Garage?«

»Klara und ihre Freunde können bei uns in der Garage übernachten.«

»Das klappt nie!«, keucht Hugo. »Das merken Mama und Papa doch.«

»Unser Auto passt nicht in die Garage, das weißt du doch. Da stehen nur unsere Fahrräder und die Mülleimer. Da ist Platz genug.«

»Und was ist, wenn Mama ihr Fahrrad braucht, oder Papa die Mülltonnen rausschieben will?«

»Da fällt uns schon noch was ein. Heute fährt Mama sicher kein Fahrrad mehr, und das Müllauto kommt am Wochenende nicht.«

»Ich hab aber nur den Hausschlüssel dabei. Der Garagenschlüssel hängt am Schlüsselbrett.«

»Dann gehen wir eben über den Hausflur in den Keller und von dort aus in die Garage.«

Hugo antwortet nicht mehr. Er scheint mit ihrem Vorschlag einverstanden zu sein. Emma drängt Hugo und die anderen, noch etwas schneller zu laufen. Gleich sind sie in ihrer Straße. Und jetzt kann Emma ein paar Häuser weiter vorne schon ihr Backsteinhaus sehen.

Sie werden langsamer. Emma bleibt stehen und stützt die Hände in die Seiten. Ihr Atem wird allmählich ruhiger. Sie schaut sich noch mal um. Die Fürchterlichen Fünf kommen um die letzte Ecke gebogen. Alle sind völlig außer Atem.

»Ganz schön anstrengend, ich …« Klara kann nicht mehr weiterreden.

Hugo legt den Finger auf den Mund, und die Fürchterlichen Fünf verstehen. Zusammen schleichen sie sich näher an Emmas und Hugos Haus.

Hugo stellt Lucy im Kinderwagen vor die Haustür. Emma schaut sich um. Nirgendwo brennt ein Licht. Hoffentlich ist Mama noch nicht zu Hause.

So leise wie möglich steckt Hugo den Haustürschlüssel ins Schloss, drückt die Klinke nach unten und tritt in den Flur.

»Die Luft ist rein!«, flüstert er von drinnen und winkt den Tieren. Klara, Frieder, Waldemar und Hildegard treten ein. Emma ist noch draußen geblieben. Sie schaut sich um. Susi hat sich an den Fliederbusch gedrückt. »Komm«, flüstert sie ihr zu. Aber Susi rührt sich nicht. Emma geht zu ihr, und Susi lässt sich tatsächlich von ihr auf den Arm nehmen und da bemerkt Emma, dass sich der Vorhang der alten Frau Hagenbuch wieder bewegt. Schnell läuft sie mit Susi ins Haus und schließt die Tür rasch hinter sich. Geschafft!

Ein bisschen verloren stehen alle im Flur. »Und jetzt?«, fragt Klara.

Plötzlich hören sie lautes Geschrei. Lucy! Sie haben Lucy vor der Tür vergessen.

»Bring du Klara und ihre Freunde in den Keller und von dort in die Garage«, sagt Hugo zu Emma. Er drückt ihr den Garagenschlüssel in die Hand, den er sich vom Schlüsselbrett geschnappt hat. »Ich kümmere mich um Lucy.«

Emma nickt und geht mit Susi auf dem Arm die Treppenstufen nach unten Richtung Keller.

Klara und die anderen folgen ihr. Da hört Emma durch das kleine Kellerfenster eine dunkle Stimme, die fragt: »Na Hugo, was hast du denn für merkwürdigen Besuch?« Emma zuckt zusammen. Frau Hagenbuch.

»Schnell!« Emma schließt die Tür auf, die vom Keller zur Garage führt, knipst das Licht an und drängt Klara und ihre Freunde in die Garage. Links stehen Mamas und Papas Fahrrad, davor ihr eigenes und das von Hugo. Weiter vorne stapeln sich ein paar mit Krimskrams gefüllte Bananenkisten, und nahe der Tür stehen zwei Mülltonnen. Hier ist kein Platz für ihre neuen Freunde. Aber auf der rechten Seite, da müsste es gehen. Emma überlegt. »Ich komme gleich wieder«, sagt sie und holt aus dem Keller ein paar Decken, die noch vom Umzug im letzten Jahr übriggeblieben sind. Die legt sie auf den Boden. Die Fürchterlichen Fünf sollen es warm haben.

»Habt ihr Hunger oder Durst?«, fragt Emma.

»Schrecklichen Durst«, sagen Hildegard und Waldemar. Frieder und Klara nicken.

»Und was zu essen, wäre auch nicht schlecht«,

brummt Frieder und legt sich als Erster auf eine der Decken. Nur Susi sagt nichts. Sie hat sich unter einem Fahrradpedal versteckt und beobachtet sie mit ihren funkelnden Augen.

Emma überlegt, was sie den Tieren bringen könnte.

»Legt euch hin und ruht euch aus. Ich komme gleich wieder.« Emma verschließt die Garagentür sorgfältig hinter sich und spurtet durch den Keller die Treppe nach oben. Sie sieht, wie Hugo Lucy gerade im Flur auf den Boden setzt. Anscheinend hat er Frau Hagenbuch abwimmeln können.

Lucy krabbelt sofort los, Richtung Küche.

»Ist Frau Hagenbuch weg?«, fragt Emma und setzt sich neben Hugo auf eine der Treppenstufen im Flur.

Hugo nickt. »Die war ganz schön misstrauisch.«

»Und wie hast du dich herausgeredet?«

»Ich habe gesagt, dass gerade ein Zirkus in der Stadt sei und Geld für die Tiere sammeln würde. Und die wären durch die Straße gezogen. Und wir mit ihnen.«

»Krass!« Emma lacht auf. »Hat sie dir das geglaubt?«

»Weiß nicht. Komisch geschaut hat sie schon. Sie hat irgendetwas vor sich hingemurmelt und ist dann abgezogen.«

»Hoffentlich erzählt sie Mama nichts.«

Hugo nickt und deutet auf den Garagenschlüssel, den Emma immer noch in der Hand hält.

»Hast du die Fürchterlichen Fünf eingeschlossen?«

»Ja, aber sie brauchen dringend etwas zu trinken und zu essen. Hilfst du mir?« Sie steht auf und geht in die Küche, wo Lucy sich gerade an einem Tischbein nach oben zieht.

Sie schafft es und strahlt Emma und Hugo an.

»Weißt du, was ein Ziegenbock oder ein Schaf außer Gras noch fressen?«, fragt Emma, aber Hugo zuckt die Schultern.

»Vielleicht mögen die auch Äpfel, wie Klara.«

Emma holt Milch aus dem Kühlschrank, füllt eine Müslischale halb voll und bröckelt etwas Brot hinein. »Das ist für Susi«, sagt sie. Sie überlegt. »Frieder mag vielleicht Fleisch.« Im untersten Fach des Kühlschranks findet sie in Würfel geschnittenes Gulasch. Sie verteilt es auf einem Teller.

»Das merkt Mama bestimmt.« Hugo runzelt die Stirn.

»Egal, Frieder hat Hunger«, sagt Emma. »Er war der Erste, der nach etwas zu essen gefragt hat.« Sie überlegt weiter. »Die anderen bekommen Äpfel aus dem Vorratsraum im Keller. Und unten steht noch ein leerer Eimer, den fülle ich mit Wasser. Bleibst du bei Lucy?«, fragt sie Hugo, und der nickt. »Und gib mir ein Zeichen, falls Mama kommt.«

»Was für ein Zeichen?«

Mann, manchmal ist Hugo echt schwer von Begriff.

»Pfeif ein Lied.«

»Was für ein Lied denn?«

»Hugo, irgendein Lied. Dann weiß ich, dass Mama kommt. Okay?«

»Ach so.« Hugo nimmt Lucy auf den Arm, die an-
gefangen hat zu weinen, gibt ihr einen Kuss und grinst
Emma an. »Alles klar.«

Jetzt hat er endlich verstanden. Emma nimmt die
Müslischale in die eine, den Fleischteller in die andere
Hand und geht damit Richtung Kellertür. Und da
hört sie draußen schon Mamas Schritte.

11

Emma kann gerade noch die Kellertür mit einem Fuß hinter sich zustoßen, als sie gedämpft Mamas Stimme hört.

»Hugo, Emma, ich bin wieder da! Tut mir leid, hat etwas länger gedauert.«

Ihr Herz klopft lautstark.

Sie schleicht nach unten, stellt Müslischale und Teller leise auf den Kellerboden und schließt die Tür zur Garage auf. Sie seufzt erleichtert. Das ist gerade noch mal gut gegangen. Hoffentlich fragt Mama nicht nach ihr. Und hoffentlich kann Hugo Mama ablenken, während sie Klara und ihren Freunden das Essen bringt.

Frieder ist der Erste, der von seiner Decke aufspringt, als er Emma sieht. Er humpelt immer noch ein wenig. Gierig schlingt er das Fleisch in ein paar Happen hinunter, als hätte er schon lange nichts mehr zu fressen bekommen.

»Danke!«, sagt er schließlich und leckt zuerst sein und dann Emmas Gesicht.

Susi wagt sich langsam aus ihrem Versteck und schlürft ein wenig Milch.

»Die Brotstückchen kann sie erst beißen, wenn sie ganz durchweicht sind«, sagt Klara. »Susi hat keine Zähne mehr.«

Emma nickt. Die Arme. Sie muss wirklich sehr alt sein.

»Aber ich habe Zähne«, sagt Klara, »und Hunger habe ich auch.« Klara drängt Susi zur Seite, steckt ihr großes Maul in die Müslischale und schleckt die Brotstückchen heraus. Dabei schmatzt sie.

»Klara! Was machst du da? Das ist Susis Fressen!«

Susi hat sich schon wieder erschrocken unter den Fahrradpedalen versteckt.

Klara tut so, als ob sie Emma nicht gehört hätte, und frisst und schlürft weiter.

Emma seufzt. Waldemar und Hildegard schauen sie mit großen Augen an. »Ist ja gut, ich hole euer Fressen«, murmelt Emma. Rasch geht sie noch mal in den Vorratsraum und versucht dabei so leise wie möglich zu sein. Sie kommt mit Äpfeln und einem Eimer

Wasser zurück. »Ich habe leider kein Gras oder Heu.«
Aber Klara, Waldemar und Hildegard sind zufrieden
und beginnen die Äpfel zu fressen. Und sogar Susi
wagt sich langsam wieder an ihre Milchschüssel.

Emma setzt sich zu Frieder auf die Decke und streichelt sein zottiges Fell.

Er drückt sich fest an sie, schließlich lässt er sich auf

die Seite fallen und fängt sofort an zu schnarchen. Neben Emma steht Waldemar und mümmelt Äpfel. Daneben Hildegard und Klara. Es ist still in der Garage, Emma hört nur das gleichmäßige Schmatzen ihrer Freunde. Sie ist froh, dass sie sie befreien konnten. Aber Hugo hat recht. Was, wenn Mama in die Garage möchte oder Papa heute Abend hier irgendetwas zu tun hat? Sie müssen schleunigst ein neues Versteck für die Fürchterlichen Fünf finden, sonst …

Doch da wird Emma in ihren Gedanken unterbrochen. Sie schnüffelt. Etwas riecht merkwürdig. Irgendwie streng. Sie streckt ihre Nase in die Luft und schnüffelt noch einmal. Ist das Waldemar? Emma kniet sich vor den Ziegenbock und versucht den Geruch zu orten. Doch das ist gar nicht so einfach. Waldemar unterbricht kurz das Äpfel kauen, schaut sie verwundert an, so, als hätte er keinen blassen Schimmer, was Emma da tut und frisst genüsslich weiter. Emma schnüffelt und schnüffelt und dann hat sie die am übelsten riechende Stelle gefunden. Waldemar riecht hinter seinen Hörnern.

»Boa!« Emma sinkt neben Frieder auf die Decke zurück und hält sich die Nase zu.

Hildegard sieht sie merkwürdig an, während Waldemar und Klara weiterfressen.

»Waldemar müffelt ein wenig«, sagt Hildegard, »aber daran gewöhnt man sich.«

»Ich nicht«, sagt Emma und setzt sich auf die andere Seite von Frieder, der selig weiterschnarcht. Ihn scheint dieser eklige Geruch nicht zu stören. Dabei haben Hunde doch gute Nasen.

Waldemar tut so, als ob er überhaupt nichts mitbekommen hätte. Genüsslich zermantscht er seine Äpfel zwischen den Zähnen. Lange Speichelfäden triefen von seinem Maul.

»Ich kann nicht mehr so gut riechen«, sagt Klara schließlich und stupst Emma von der Seite an. »Übrigens, super Apfelsorte«, sagt sie. »Boskop sind meine Lieblingsäpfel.«

Emma zuckt die Schultern. Sie kennt sich mit Äpfeln nicht aus, sie isst lieber Fleisch. Am liebsten Spaghetti mit Hackfleischsoße. Sie rückt noch ein wenig mehr Richtung Garagentor. Das riecht ja schlimmer, als wenn Hugo einen Pups lässt, einen sehr großen, denkt sie.

Langsam dreht Waldemar sich zu ihr. »Ziegen mögen meinen Duft. Je mehr ich dufte, desto mehr mögen sie mich«, brummt er mit seiner dunklen Stimme und kaut unverdrossen weiter.

Emma kichert. Dann bin ich wohl doch keine Ziege, wie Hugo immer zu mir sagt, denkt sie. Aber jetzt muss sie gehen. Sie steht auf. »Ich gehe nach oben«, sagt sie. »Heute Nacht schließe ich euch ein und verstecke den Garagenschlüssel bei mir im Zimmer, damit Mama und Papa euch nicht finden.«

Ihre Freunde nicken.

»Und seid leise!«, sagt Emma. »Ihr dürft keinen Mucks machen.«

»Was passiert morgen?«, fragt Klara. »Wir können doch nicht ewig hier in eurer Garage bleiben.«

»Wenn deine Eltern uns finden, dann bringen sie uns sicher wieder zurück zu Bauer Heinz.« Hildegard hat aufgehört zu fressen. Sie schaut besorgt.

»Ja, aber ich geh nicht mehr zurück!« Frieder ist aufgewacht und hat sich auf seine Hinterpfoten gesetzt. »Der Bauer will uns nicht mehr haben.«

Sogar Susi kommt aus ihrem Versteck hervor. »Ich werde auch nicht mehr zurückgehen.« Das war der erste Satz, den Susi gesagt hat. Sie hat ihn geflüstert, aber alle scheinen sie verstanden zu haben. Denn auch Klara, Waldemar und Hildegard stimmen ein.

Emma hebt die Hand, und augenblicklich verstummen ihre neuen Freunde.

»Hugo und ich, wir finden eine Lösung.« Sie versucht ihre Stimme so überzeugend wie möglich klingen zu lassen. »Macht euch keine Sorgen und gute Nacht!«

Sie geht und dreht den Schlüssel von außen um. Hoffentlich hat Hugo eine gute Idee, denkt Emma. Denn ihr selbst ist noch nichts eingefallen, wie sie die Tiere endgültig vor dem Bauern verstecken und retten können.

»Hugo, ich kann nicht schlafen.« Emma ist die Treppenstufen hinauf zu Hugos Dachbodenzimmer geschlichen. Eigentlich mag Hugo nicht, wenn sie ohne Klopfen in sein Zimmer kommt. Aber es ist schon lange dunkel, und seit mindestens einer Stunde hat Emma sich im Bett herumgewälzt. Sie horcht, aber unter Hugos Bettdecke bewegt sich nichts. Emma tritt näher und stolpert über irgendetwas Großes, Spitzes.

»Au!« Sie hat sich den großen Zeh angeschlagen.

Hugo dreht sich auf die andere Seite, aber er wacht nicht auf.

Emma lupft seine Bettdecke und schlüpft zu ihm ins Bett. Sie kitzelt seine Füße mit ihren, und endlich schlägt er die Augen auf.

»Ahhh!«

»Sschhhh! Mann, sei nicht so laut!«

»Warum erschreckst du mich so!«

»Wir müssen die Fürchterlichen Fünf wegbringen.«

»Das hat doch Zeit. Es ist mitten in der Nacht und …«, murmelt er. Hugos Stimme klingt völlig verschlafen. Er hat die Augen schon wieder geschlossen. Morgens ist er immer topfit, aber am Abend, da ist mit ihm nichts mehr anzufangen. Bei Emma ist es genau umgekehrt. Sie kommt morgens nicht aus dem Bett. Ganz schlimm ist es montags, wenn nach dem Wochenende die Schule wieder beginnt. Papa muss sie dann mindestens dreimal wecken. Sie weiß, wie es ist, wenn man total müde ist. Aber jetzt ist es wirklich wichtig. Hugo muss aufwachen.

Emma kitzelt ihren Bruder in die Seite. Und das wirkt. Endlich!

Hugo quietscht und reibt sich die Augen. Schließlich beugt er sich über Emma und macht das Licht an seiner Raumschiff-Nachtlampe an. Jetzt scheint er endlich wach zu sein.

»Was gibt's denn?« Er setzt sich auf.

Emma setzt sich neben ihn. »Morgen ist Samstag. Und samstags fährt Mama immer mit dem Fahrrad zum Bäcker und holt Brötchen.«

»Na und?«

»Mamas Fahrrad steht in der Garage.« Langsam wird Emma echt ungeduldig.

»Oh. Hab ich vergessen. Dann holen wir eben morgen früh die Brötchen.«

»Das haben wir noch nie gemacht. Da wird sie sicher misstrauisch. Ist sie doch eh schon. Heute Abend hat sie auch wieder so komisch geschaut, als ich die Kellertreppe hochkam. Außerdem sind dann die Fürchterlichen Fünf immer noch da. Das geht nicht, Hugo. Sie müssen weg. Wir müssen sie woanders verstecken.«

»Aber wo?« Jetzt zeigt Hugo die richtige Reaktion. Er zieht die Knie an und legt den Kopf darauf. Diesmal dauert es nicht so lange, bis er den Kopf hebt und sagt: »Ich hab's!«

»Und?«

»Achmed.«

»Was ist mit Achmed?« Was sollte Hugos Freund damit zu tun haben?

»Achmeds Eltern haben ein Wochenendgrundstück am Waldrand. Keine halbe Stunde von hier. Ich war mit ihm mal dort. Wir haben ein Feuer gemacht.«

»Echt jetzt?« Emma kann es nicht glauben. Ihr großer Bruder, der immer so tut, als ob er nie etwas Verbotenes machen würde.

»Also, Achmed hat das Feuer gemacht«, schiebt Hugo nach.

Emma grinst in sich hinein. Hat sie sich eigentlich schon gedacht.

»Auf alle Fälle gibt es dort eine kleine Hütte.«

Emmas Augen werden groß.

»Meinst du, wir könnten sie dort verstecken?«

»Vielleicht.«

Emma schaut Hugo von der Seite an. Sie neigt den Kopf etwas, und Hugo weiß genau, was sie nun von ihm möchte. Aber er reagiert nicht. Unruhig rutscht sie neben ihm auf ihrem Po hin und her. »Na?«

»Was na?«

»Dann ruf ihn an. Du hast doch ein Handy und er auch.«

»Es ist mitten in der Nacht.«

Emma schaut auf Hugos Wecker, der auf dem Fensterbrett steht: »Es ist genau 22.30 Uhr.«

»Ja, und da schläft Achmed sicher. Und außerdem hat Mama gesagt, ich darf nur telefonieren, wenn was Wichtiges ist. Wenn ich meinen Turnbeutel vergessen hab oder ...«

»Hugo. Das ist was Wichtiges.« Emma schaut sich um. Ihr Blick fällt auf Hugos Schreibtisch. Da ist alles ziemlich aufgeräumt, und das Handy liegt, wo es immer liegt, rechts von der Schreibtischlampe. Sie springt aus dem Bett, schnappt sich Hugos Handy und reicht es an ihren Bruder weiter.

Wortlos dreht er es in der Hand.

»Wenn ich ein Handy hätte, würde ich ihn anrufen«, sagt Emma, setzt sich wieder neben Hugo und stupst ihn an. Aber Emma bekommt erst zu ihrem zehnten Geburtstag ein Handy, genau wie Hugo.

Schließlich seufzt er und sagt: »Wenn Achmed sauer wird, weil ich ihn aufwecke, dann bist du schuld.«

»Okay, ich bin schuld.« Emma weiß genau, dass

Achmed nicht sauer sein wird. Er liebt nämlich Abenteuer. Schließlich ist es immer Achmed, der sich in den Nachbargarten schleicht, wenn mal wieder der Ball über den Zaun geflogen ist.

Hugo tippt eine Nummer und runzelt die Stirn. Es läutet, ein Mal, zwei Mal, drei Mal …

»Siehst du, er schlä…«

»Hi, was gibt's?« Achmeds fröhliche Stimme unterbricht Hugo. »Du schläfst doch sonst immer um diese Zeit. Ist was passiert?«

Emma hat ihr Ohr ans Handy gehalten, damit sie auch hören kann, was Achmed sagt. Sie nimmt Hugo das Telefon aus der Hand, aber ihr Bruder scheint jetzt richtig wach zu sein.

Er entreißt ihr das Handy und flüstert: »Wir haben einen Notfall. Du musst uns helfen.«

»Alles klar«, sagt Achmed. »Worum geht's?«

Emma grinst Hugo an. Sie hatte recht. Achmed ist nicht sauer. Nein, er ist dabei.

Es ist Samstag morgen, sechs Uhr. Eigentlich schläft Emma um diese Zeit selig in ihrem Bett. Es ist schließlich Wochenende, und da würde sie sonst mindestens bis um neun Uhr schlafen. Mama wäre schon mit dem Fahrrad beim Bäcker gewesen und hätte ihr eine Brezel und – wenn sie gut drauf ist – sogar noch ein Schokoladencroissant mitgebracht. Aber es ist nicht neun Uhr, nein, es ist sehr, sehr früh, und Emma gähnt dreimal, ganz leise, damit ihre Eltern und Lucy nicht aufwachen.

Ihr Bruder hat sie gerade geweckt, und ist schon nach unten gegangen, in die Garage. Er schaut nach den Fürchterlichen Fünf und schildert ihnen ihren Plan.

Emma zieht ihre Jeans und den roten Wollpulli an, den Oma ihr gestrickt hat. Jetzt, wo es so früh am Morgen ist, braucht Emma was Kuschliges. Sie schleicht am Schlafzimmer von Mama und Papa vorbei. Alles ruhig. Gut, dass Lucy auch so eine Langschläferin ist wie sie. Sie wird ihre Eltern sicher nicht vor acht Uhr wecken, und da sind sie längst wieder zurück. In Strümpfen läuft Emma die Treppe nach unten, zieht ihre Sneakers an, schnappt sich ihre dicke Jacke, öffnet leise die Tür zum Keller und geht nach unten. In der Garage sind alle schon munter.

Klara, Frieder, Waldemar, Hildegard und Susi stecken die Köpfe mit Hugo zusammen. Hugos Stimme ist leise, er erklärt den anderen noch einmal, was sie vorhaben, und alle lauschen gespannt. Sie haben gar nicht bemerkt, dass Emma gekommen ist. Emma gesellt sich zu ihnen und bemerkt den unruhigen Blick von Susi, die sich an Frieder lehnt. Sie scheint immer noch fürchterliche Angst zu haben. »Und ihr müsst auf der Straße leise sein«, sagt Hugo »und immer hinter Emma und mir hergehen. Wir führen euch zu einem Schrebergarten. Dort seid ihr sicher.«

»Alles klar!«, sagt Klara und lächelt Emma mit ihren großen Ponyzähnen an. »Ich wusste doch, dass wir uns auf euch verlassen können.«

Hildegard und Waldemar nicken, und jetzt erst fällt

Emma auf, wie streng es in der Garage riecht. Es riecht vor allem nach Waldemar, aber auch nach warmen Tierkörpern, einfach anders als sonst. Und dann sieht sie, dass in der Ecke ein paar Pferdeäpfel liegen … oder besser Ponyäpfel. Mist!

Klara hat wohl ihren Blick gesehen, denn sie zuckt entschuldigend die Schultern.

Emma überlegt. Sie muss die Ponyäpfel wegschaffen. Und hoffentlich bekommen sie den Geruch wieder raus, bevor Mama und Papa in die Garage müssen. Sie schaut sich um. Die Decken, der Wassereimer und die Reste von den angeknabberten Äpfeln liegen auch noch auf dem Boden.

»Das machen wir später sauber. Wir müssen jetzt sofort los!«, sagt Hugo und schließt die Garagentür, die zur Straße führt, auf. »Ich schaue, ob die Luft rein ist.« Er läuft auf die Straße und kommt gleich wieder zurück. »Kein Auto, keine Menschen. Und dunkel ist es auch noch«, flüstert er. »Also, vorwärts. Immer Emma und mir nach!«

Hugo geht voraus, Emma hinterdrein und danach folgen Klara, Frieder, Waldemar, Hildegard und schließlich Susi. Zuerst geht es nach links, am Haus der neugierigen Frau Hagenbuch vorbei. Emma schaut verstohlen zu den Fenstern. Diesmal sind alle Gardinen zugezogen, und Licht brennt auch keines. Die Straße ist lang, sie gehen an vielen Einfamilienhäusern mit Gärten vorbei. Dann geht es nach rechts, sie lassen Emmas und Hugos Grundschule hinter sich, und jetzt kommen ein paar Holzhäuser. In dem kleinsten der Holzhäuser, dem mit den roten Fensterläden, würde Emma gerne mal wohnen, weil es so kuschlig aussieht. Aber jetzt müssen sie rasch weiter. Alle versuchen leise zu gehen, trotzdem sind Klaras Hufe deutlich auf der Straße zu hören. Gut, dass bereits die ersten Vögeln zwitschern.

»Klara, geht's ein wenig leiser?«, flüstert Emma ihr zu.

Klara schüttelt den Kopf. Die langen Ponyohren fliegen ihr um den Kopf. »Nee, meine Hufe klackern. Da kann ich nichts machen.«

Waldemar und Hildegard laufen vor ihnen. Plötzlich bleibt Waldemar stehen und schnüffelt. »Was riecht denn hier so lecker?«, hört Emma ihn fragen. Hildegard steckt den Kopf durch einen lockeren Zaun. »Frisches Gras und Löwenzahn, hmmm. Ich hab ja so 'nen Hunger.« Die beiden fangen an zu grasen.

»Weiter!«, zischt Hugo. Wir haben keine Zeit, es wird bald hell.«

Emma treibt die beiden an.

Widerwillig trotten sie weiter, hinter ihnen geht Frieder, dessen linkes Bein immer mehr hinkt.

»Alles gut?«, fragt Emma ihn. Frieder nickt. »Geht schon«, brummt er vor sich hin. »Hauptsache Bauer Heinz findet uns nicht.« Emma schaut sich nach Susi um. Aber sie sieht sie nicht. Doch, da, sie ist vorne bei Hugo. Irgendwie scheint Susi Hugo zu vertrauen, denn sie streift immer wieder um dessen Beine herum.

Sie laufen und laufen und endlich, da vorne auf dem Gehweg steht Achmed. Er winkt ihnen schon von weitem zu. Die Fürchterlichen Fünf sind eingeweiht, deshalb haben sie auch keine Angst vor dem ziemlich großen und breiten Jungen, der seine Arme in der Luft herumschleudert, als wolle er einen Hubschrauber ankurbeln. Er strahlt und zeigt ihnen zuerst den Schrebergartenschlüssel. »Morgen«, sagt er jetzt und grinst. »Was für eine tolle Truppe!« Er mustert jeden einzelnen der Fürchterlichen Fünf. An Frieder bleibt sein Blick am meisten hängen. Emma weiß, dass Achmed sich schon lange einen Hund wünscht, aber seine jüngere Schwester Aylin ist allergisch. Achmed streckt Klara, die genau vor ihm steht, die Hand entgegen, und sie weiß gar nicht, was sie tun soll.

Hugo greift ein: »Schnell, bald wird es hell. Vorstellen kannst du dich später.« Er zieht Achmed am Jackenärmel, und der versteht. Sie laufen weiter an einem Sportplatz und einem Fabrikgebäude vorbei, und schließlich beginnen die Schrebergärten nahe am Waldrand. Achmed geht vor, sie alle folgen ihm, keiner spricht. Jetzt muss es wirklich schnell gehen, denn in der Ferne fährt auf der Landstraße ein Auto. Achmeds Schritte werden immer schneller, die anderen folgen so gut es geht, und schließlich sind sie da.

»Hier ist es!«, sagt er und schließt eine Tür auf, an dem ein Vorhängeschloss hängt. Alle drängen sich hinter Achmed durch die schmale Pforte und gehen den mit kleinen Quadraten gepflasterten Weg entlang, neben dem rechts und links unbestellte dunkle Erde liegt. An einer Hecke wachsen ein paar kleine frisch gesetzte Salatpflänzchen und ein paar höhere Stängel, die wohl noch vom letzten Herbst übrig sind.

Sie haben kleine runde Knöllchen. Emma kennt sie und verzieht den Mund. Rosenkohl, igitt. Waldemar, der direkt vor Emma geht, beginnt schon wieder zu schnüffeln, aber Emma treibt ihn an. Weiter vorne schließt Achmed schon das Häuschen auf. Er geht hinein, die anderen folgen. Endlich! Sie haben es geschafft. Emma, Hugo und Achmed klatschen sich ab. Die Fürchterlichen Fünf sind in Sicherheit. Zumindest in diesem Augenblick.

14

Und wieder muss alles schnell gehen, denn Emma und Hugo müssen rechtzeitig zu Hause sein, bevor ihre Eltern aufwachen. Achmed bleibt bei den Fürchterlichen Fünf und erklärt ihnen, dass sie sich ruhig verhalten müssen, und sie auf keinen Fall im Garten spazieren gehen dürfen, denn es könnte ja sein, dass andere Gartenbesitzer kommen und sie entdecken.

Emma und Hugo vertrauen Achmed. Er kann gut erklären, und zudem mag er Tiere, nicht nur Hunde.

Emma und Hugo verabschieden sich und rennen so schnell sie können zurück zum Haus. Es wird heller und immer heller. Sie rennen am Fußballplatz vorbei, dann an Achmeds Haus, an der Grundschule, schließlich in ihre Straße. Emma und Hugo sind immer gleichauf. Völlig geschafft kommen sie zuhause an. Sie atmen hektisch. Emma schaut nach oben, Richtung

Schlafzimmerfenster ihrer Eltern. Die Rollläden sind noch zu. Schnell schließt Hugo die Garagentür auf.

»Boah, hier stinkt es ja immer noch!« Hugo schnappt eine leere Bierkiste, dreht sie um, stellt sich darauf und öffnet so leise wie möglich das Fenster. Emma bringt den Wassereimer zurück in den Keller, klaubt die Essenreste der Fürchterlichen Fünf zusammen, wirft sie in die Biotonne, legt die Decken zusammen und verstaut sie dort, wo sie waren und stellt alles wieder an seinen richtigen Platz. Jetzt noch Klaras Ponyäpfel. Emma greift nach der Kehrschaufel, schaufelt die Äpfel darauf und wirft auch sie in die Biotonne. Nun sieht es aus wie gestern, bevor die Fürchterlichen Fünf gekommen sind. Aber es stinkt immer noch.

»Und jetzt?«, flüstert Emma und hält sich die Nase zu.

»Egal«, flüstert Hugo zurück. »Hauptsache alles sieht so aus wie vorher.«

Sie schleichen die Kellertreppe hinauf, ziehen Schuhe und Jacken aus, gehen vorsichtlich die Treppe nach oben. Alles ist noch ruhig, die Tür zum Elternschlafzimmer ist zu.

Emma und Hugo grinsen sich an. Sie haben es geschafft!

»Was machen wir nun?«, flüstert Emma.

»Schlafen«, flüstert Hugo. Er schaut auf sein Handy. »Acht Uhr fünf. Wir haben nur zwei Stunden gebraucht.«

Emma nickt. Krass, dass Hugo, der doch immer so früh wach ist, sich noch mal hinlegen will.

»Schlaf gut«, sagt Emma und geht in ihr Zimmer. Sie ist so todmüde, dass sie sich mit Jeans und Lieblingspulli ins Bett legt und wenig später ist sie auch schon eingeschlafen.

»Frühstück!«

Emma lässt das Wort, das sonst so schön in ihren Ohren klingt, in ihr rechtes Ohr hinein, und schwupps ist es aus dem linken wieder draußen. Und weg!

»Emma, Frühstück!«

Nein, sie ist noch so müde. Emma dreht sich noch mal um. Da geht die Tür auf, sie hört ein Flüstern, und dann krabbelt jemand quer durchs Zimmer und patscht mit dicken Händchen auf ihrem Gesicht herum.

Nein! Sie will noch nicht. Die Hand patscht weiter, schließlich quietscht die Person und lallt vor sich hin. Zuerst leise, dann immer lauter.

Nein! Nein! Nein! Emma öffnet die Augen.

Aber Lucy lässt nicht locker. Und Papa, der an der Tür steht und Lucys Treiben zuschaut, mischt sich jetzt auch noch ein. »Emma, ein Schokoladencroissant wartet auf dich!«

Emma schlägt die Bettdecke zurück. Irgendwie ist ihr ziemlich heiß.

»Hast du in deinem Wollpullover geschlafen? Bist du krank?«

So viele Fragen auf einmal. Emma schlägt die Augen auf und schaut in Lucys mit Haferbrei verschmiertes Gesicht. Jetzt greifen Lucys Hände in Emmas Locken und ziehen. Und ziehen immer kräftiger.

»Hör auf!« Das tut richtig weh. Emma ist wütend, greift nach Lucys Händen, drückt sie weg. Ihre Schwester fällt um. Sie wirft die Bettdecke über Lucy. Und Lucy schreit wie am Spieß. Mann, ist das laut!

»Du hast ja sogar in deinen Jeans geschlafen.« Papa wirkt jetzt nicht mehr besorgt, sondern eher ärgerlich.

»Ja, mir war kalt.« Emma ist froh, dass ihr diese Notlüge gleich eingefallen ist, obwohl sie noch so müde ist. Sie befreit ihre kleine Schwester aus der Decke. Lucy hört sofort auf zu schreien und rammt ihren Kopf in Emmas Bauch.

Jetzt hat sie aber genug! Gleich wird sie sauer. Sie hasst es, so fies geweckt zu werden.

Emma springt auf, läuft an Lucy und Papa vorbei. Sie muss dringend auf die Toilette.

»Weck deinen Bruder. Der schläft auch noch.«

Emma hört nur noch, wie Papa vor sich hinmurmelt: »Komisch, sonst ist Hugo doch immer so früh …« Emma verschwindet auf die Toilette und schließt die Tür ab. Endlich Ruhe.

Das Frühstück verläuft ganz schön merkwürdig. Hugo ist noch total verschlafen und hat keinen Hunger. Er isst nicht mal das glutenfreie Brötchen, das Mama beim Bäcker für ihn besorgt hat, und das schmeckt wirklich gut. Emma hatte schon mal eins stibitzt, als Hugo nicht geguckt hatte. Aber heute wird auch Emmas Kakao kalt, und das Croissant will ihr nicht so richtig schmecken.

»Was ist denn nur los mit euch?«, fragt Mama. »Ihr seid gestern so früh ins Bett gegangen und seht aus, als ob ihr euch die Nacht um die Ohren geschlagen hättet.« Mama stupst Papa an. »Schau mal die beiden, wie wir, an diesem Silvester, als wir uns kennengelernt und kein Auge zugetan hatten.«

Papa beißt ein Stück von seinem Marmeladenbrötchen ab. »Hm«, mampft er, »aber da waren wir neunzehn. Und nicht neun und zehn.«

Hugo grinst Papa schräg an und nippt an seinem
Kakao.

»Hugo, iss was, heute musst du fit sein.«

»Ich? Warum?« Er schaut Mama in die Augen.

»Hast du vergessen? Wir reparieren nachher dein
Fahrrad. Du wolltest doch wissen, wie man einen
Schlauch flickt.«

»Hat das nicht bis morgen Zeit?« Hugos Stimme

klingt ziemlich unfit. »Und …«, jetzt scheint er begriffen zu haben, denn Emma hat ihn unter dem Tisch mit dem Fuß angestoßen. Niemand darf heute in die Garage, es stinkt doch so. »Und ich wollte mich heute mit Achmed treffen. Wir schreiben nächste Woche Mathe.«

»Aha.« Mama schaut etwas ungläubig. »Seit wann lernt ihr samstags zusammen?«

Hugo antwortet nicht, sondern trinkt noch einen Schluck Kakao.

Mama wartet, aber von Hugo kommt nichts mehr.

»Hat eigentlich einer von euch den Garagenschlüssel gesehen?« Mama schaut Emma und Hugo in die Augen. »Ich wollte vorhin mit dem Fahrrad zum Bäcker fahren, aber der Schlüssel war nicht da. Da musste ich das Auto nehmen. Und dabei ist so schönes Wetter.«

»Nö«, sagt Emma. Langsam bekommt sie ein schlechtes Gewissen. Schon die zweite Notlüge heute. Und es ist noch ganz schön früh am Morgen.

Hugo schüttelt nur den Kopf und greift nach seinem Brötchen. Anscheinend hat er nun doch Hunger bekommen.

»Ich gehe auch mit zu Achmed«, sagt Emma beiläufig. »Er, er zeigt mir sein Aquarium, und wie er seine Fische füttert.« Oh weh, Notlüge Nummer drei.

»Aha«, sagt Mama noch mal, »Mathe und Fische.« Sie putzt Lucy die Hände ab, die voller Himbeermarmelade sind und schenkt sich Kaffee nach.

»Dann mach ich eben mit Papa und Lucy eine Radtour. Hast du Lust, Tom?« Mama schaut Papa an, und der überlegt, etwas länger. Papa ist eigentlich nicht der Radfahrer, er joggt lieber oder geht mit seinen Freunden Basketball spielen.

»Nein!« Emma erschrickt über sich selbst.

»Wie, nein?« Jetzt bekommt Mama Falten auf der Stirn.

»Hm. Ihr könnt doch gar nicht Fahrrad fahren.« Jetzt hat Emma echt bald keine Lust mehr, so herumzueiern.

»Und warum nicht?«, fragt Papa jetzt.

»Weil, weil der Schlüssel zur Garage weg ist. ergänzt Hugo, und Emma schaut ihn dankbar an.

»Ich hab einen Zweitschlüssel.« Mama grinst. »Der ist irgendwo in der Schlüsselkiste. Und den finde ich bestimmt, wenn ich ihn suche.« Mama setzt sich kerzengerade auf. »So ihr beiden, und jetzt möchte ich gerne wissen, was hier los ist.«

»Wie?«, fragt Emma.

»Warum?«, fragt Hugo.

»Hier stimmt etwas nicht, und ihr sagt mir jetzt, was nicht stimmt.«

Emma möchte gerade etwas erwidern, als Lucy einen ohrenbetäubenden Schrei ausstößt.

»Lucy hat uns gerettet«, sagt Emma und stößt Hugo
in die Seite. Sie sitzen auf Emmas Bett und knabbern
Chips. Papa hat vorhin aus der Notaufnahme vom
Krankenhaus angerufen und gesagt, dass sie sich statt
Mittagessen die große Chipstüte aus der Vorratskam-
mer teilen können. »Und jeder noch einen Apfel«, hat
er noch hinzugefügt. Das hat ihm bestimmt Mama
eingeflüstert. »Es wird später«, hat er noch hinzugefügt. »Lucy wird beobachtet. Aber ihr geht's schon
besser. Ihr Arm ist schon etwas abgeschwollen.«

»Ist okay, wir gehen dann nachher zu Achmed. Er
wartet auf uns«, hat Hugo gesagt. Aber Papa war so
aufgeregt, er hat gar nicht mehr richtig zugehört und
aufgelegt.

»Arme Lucy«, sagt Hugo. »Wo die Biene wohl her-
gekommen ist?«

»Vielleicht hat sie im Keller überwintert«, meint

Emma und stopft sich gleich drei Chips auf einmal in den Mund. Sie liebt Chips, aber die gibt's höchstens einmal im Monat. Mama meint, die machen dick. Aber Emma und Hugo sind beide ziemlich dünn. Egal was sie essen und wie viel sie essen, sie werden nicht dick. Vielleicht meint Mama das, weil sie ein bisschen moppelig ist. Emma greift noch mal in die Tüte, aber Hugo zieht sie ihr weg.

»Die letzten gehören mir. Du hast schon so viele gegessen.«

»Mann!«

Doch Hugo rückt keinen einzigen Chip mehr heraus. Schließlich leckt er mit einer feuchten Fingerspitze die Krümel aus der Tüte und treibt Emma an. »Los, Achmed wartet in der Hütte auf uns.« Er holt ein Blatt Papier und einen Stift. »Wir schreiben Mama und Papa, dass wir bei Achmed sind. Damit sie sich keine Sorgen machen, wenn sie nach Hause kommen.«

Hugo schreibt, und Emma bewundert ihren großen Bruder, der sich immer Gedanken darüber macht, was andere denken oder wollen. Irgendwie kann sie das nicht so gut.

Sie legen den Brief auf den Esstisch. Dann geht

es los. Hugo zieht die Haustür hinter ihnen zu und
schließt ab. Im Nachbarhaus öffnet sich ein Fenster.
Frau Hagenbuch.

»Na, geht ihr in den Zirkus?«, schreit sie ihnen zu.
Frau Hagenbuch redet nie normal laut, sie ist schwer-
hörig.

Kurz muss Emma überlegen. Dann fällt es ihr wieder ein. Hugo hat Frau Hagenbuch von einem Zirkus
erzählt. »Ja!«, schreit sie zurück. »Zuerst besuchen wir
unseren Freund, dann gehen wir in den Zirkus!«

»In unserer Stadt gibt's aber gar keinen Zirkus.
Ich hab mich erkundigt. In der Zeitung steht
auch nichts.«

Emma will etwas erwidern, aber Hugo
zieht sie weiter.

»Wir haben es eilig. Schönen
Tag, Frau Hagenbuch«, ruft
Hugo ihr zu und sie ren-
nen davon.

Achmed wartet schon auf sie. Er winkt ihnen von weitem zu. Und auch die Fürchterlichen Fünf freuen sich, als sie Emma und Hugo sehen. Waldemar und Hildegard fressen die ersten grünen Hälmchen auf der Wiese des Grundstücks ab. Sie heben kurz den Kopf, als sie Emma und Hugo sehen und schmatzen laut. »Das schmeckt super!«, ruft Hildegard ihnen zu und steckt, genau wie Waldemar, gleich wieder den Kopf ins Gras.

»Dürfen die das?«, fragt Hugo.

»Klar«, sagt Achmed. »Von den anderen Schrebergartenbesitzern ist gerade niemand hier. Hab alles im Blick.« Er grinst. »Keiner bekommt mit, dass die Fürchterlichen Fünf da sind.«

Als die drei in die Hütte kommen, wedelt Frieder aufgeregt mit dem Schwanz. Er steht von seinem Platz auf dem verblichenen Sofa auf, steigt langsam herunter und drückt sich eng an Achmeds Beine. Es scheint so, als ob er sich mit Achmed angefreundet hätte, denn der streichelt Frieder die ganze Zeit, und Frieder schaut ihn bewundernd an.

»Hier ist es so schön!«, sagt Klara zu Emma. »Ich geh nie mehr weg!« Sie hat auf dem Boden gelegen und steht langsam auf, als sie Emma sieht. »Schau«, sagt sie. »Achmed hat uns einen wunderbaren Schlafplatz bereitet.« Zwischen alten Decken und zerschlissenen Kissen liegt überall verstreut Heu. Man sieht sogar den Abdruck, auf dem Klara geschlafen hat.

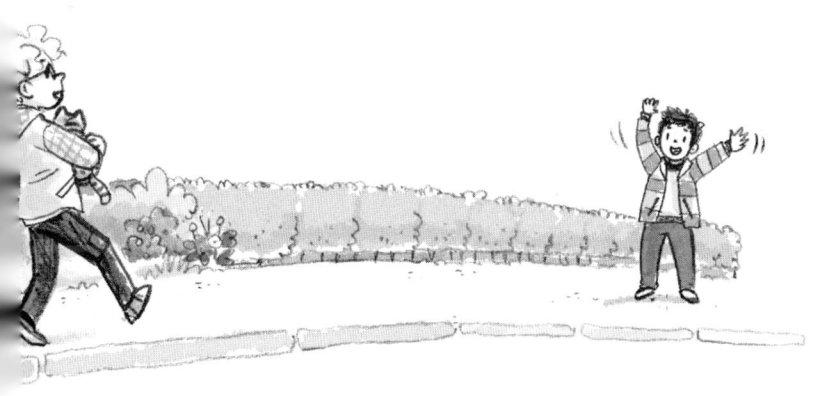

»Wo hast du denn das Heu her?«, fragt Hugo.

»Vom Zoo«, sagt er und lacht. »Ich kenne da einen Tierpfleger …«

»Aber du hast ihm doch nichts verraten?«, fragt Emma erschrocken. Achmed quatscht immer so viel. Er redet mit allen, auch mit Erwachsenen.

»Ich hab gesagt, dass ich einen Hasenstall ausstatten muss.«

»Oh, das ist gut!«, sagt Emma und lässt sich auf das Sofa plumpsen. Sie sinkt tief ein und hat Susi aufgeschreckt, die sich neben dem Sofa eingerollt und geschlafen hat.

Susi drückt sich erschrocken an ein Bein des Sofas.

»Entschuldigung, Susi, komm her.« Emma streckt die Hand nach Susi aus. Langsam kommt sie näher und lässt sich von Emma streicheln.

»Mir gefällt es hier auch sehr gut«, flüstert sie und leckt sogar Emmas Hand. Es kitzelt. Emma fährt sanft über Susis weiches Fell. Sie steckt ihre Nase in Susis Nacken. Das riecht vielleicht gut! Aus dem Augenwinkel heraus sieht sie, dass Klara sie genau im Blick hat. Ist sie etwa eifersüchtig? Emma lässt Susi von ihren

Armen, steht auf und streichelt über Klaras Rücken. Jetzt sieht Klara wieder froh aus.

»Wir könnten einen Spaziergang in den Wald machen«, schlägt Achmed vor.

»Mit allen?«, fragt Hugo.

»Klar, alle kommen mit. Ich kenne Schleichwege, auf denen ich noch nie jemanden getroffen habe. Die Fürchterlichen Fünf sollen doch ihre neue Umgebung kennenlernen.«

»Habt ihr Lust?«, fragt Achmed und schaut in die Runde.

17

»Vorhin hat Achmed gesagt, dass er Förster werden will«, sagt Emma am späten Nachmittag zu Hugo, als sie wieder daheim sind. Sie sitzen im Wohnzimmer und schauen die Kindernachrichten. Emma ist ziemlich müde, es war ganz schön anstrengend mit den Fürchterlichen Fünf durch den Wald zu streifen. Sie sind ja keine normalen Wege gegangen, sondern quer durch den Wald, durch Büsche und über Baumstümpfe. Emma hat sich gewundert, was Achmed alles weiß. »Er kennt alle Namen der Bäume und wusste sogar, dass Füchse …«

»Was machen wir denn jetzt mit den Fürchterlichen Fünf?«, unterbricht Hugo Emma und schaltet den Fernseher ab.

»Warum? Sie bleiben in der Hütte. Wir gehen jeden Tag zu ihnen, bringen ihnen was zu fressen und gehen mit ihnen in den Wald.«

»Und wenn Achmeds Eltern in die Hütte kommen?«

»Oh!« Daran hat Emma gar nicht gedacht.

»Vielleicht wollen sie bald was anpflanzen. Die ersten Salatpflänzchen haben sie ja schon gesetzt. Und dann?« Hugo bekommt dieselben Falten auf der Stirn wie Mama, wenn sie von irgendetwas nicht mehr so ganz überzeugt ist.

»Dann ...« Emma überlegt, aber ihr fällt nichts ein. »Hast du eine Idee?«

Er zuckt die Achseln. »Vielleicht sollten wir aufgeben.«

»Was? Bist du verrückt?«

»Wir können die Fürchterlichen Fünf doch nicht ewig verstecken. Irgendwann findet sie der Bauer ...«

»Nein!« Nervös klopft Emma auf das weiche Sofakissen neben sich. Niemals wird sie es zulassen, dass ihre Freunde wieder zurück zu diesem Bauern müssen. »Er will sie wegbringen!«, sagt Emma und ihre Augen werden immer kleiner. »Dabei haben sie doch ihr ganzes Leben auf dem Bauernhof verbracht.«

»Bist du dir da so sicher? Vielleicht hat Klara übertrieben und Bauer Heinz ist gar nicht so schrecklich, wie sie meint.«

»Klara lügt nicht!« Jetzt ist Emma wirklich wütend. Wie kommt Hugo dazu, so etwas zu behaupten? »Wenn du nicht mehr mitmachen willst, dann lass es doch!« Emma springt vom Sofa hoch und funkelt Hugo an. »Ich lass sie auf alle Fälle nicht im Stich.« Gerade will sie die Treppen nach oben in ihr Zimmer laufen, als sie hört, dass der Haustürschlüssel umgedreht wird.

»Hallo, ihr beiden!« Papa kommt mit Lucy auf dem Arm zur Tür herein, gefolgt von Mama.

Lucy sieht schon wieder fröhlich aus. Sie kräht vergnügt, und als Hugo aus dem Wohnzimmer kommt, streckt sie ihm ihre Ärmchen entgegen. Er nimmt sie auf den Arm und drückt ihr einen Kuss auf die Backe. Irgendwie spürt Emma einen leichten Stich in der Brust. Mag Lucy Hugo mehr als sie? Warum lächelt sie Hugo immer an? Warum will sie immer zu ihm auf den Arm? Aber gleich vergisst sie ihren Kummer, denn Mama knuddelt sie ordentlich durch.

»Oh, bin ich froh, dass wir wieder hier sind«, sagt sie und hängt ihren Mantel und Papas Jacke an die Garderobe. »Habt ihr euch auch nicht gelangweilt, ohne uns?«, fragt Papa und schaut Emma an.

Wie meint er das denn? Energisch schüttelt sie den Kopf. »Nee, wir waren doch bei Achmed.«

»Was habt ihr denn gemacht?«, fragt er nach.

»Gespielt«, sagt Emma.

»Und was?« Jetzt schaut Papa auch Hugo an.

»Fußball.«

»Und Federball«, das war Emma. »Also zuerst Federball, dann Fußball.« Emma gibt Papa einen Kuss. »Und wie geht's Lucy?«, fragt sie, obwohl ihre kleine

Schwester quietschend auf dem Boden herumkrabbelt und nach einem Holzauto grabscht.

»Sie ist wieder fit. Wie man sieht!«, sagt Papa. Er geht die Treppen nach oben Richtung Wohnzimmer. »Ich muss mich mal kurz hinlegen, das war ja so was von anstrengend.« Und schon ist er verschwunden.

»Sagt mal?« Mama hat die Küchenschürze umgebunden und hält ein Mehlpaket in der Hand. »Ich hab solchen Hunger. Mögt ihr auch Pfannkuchen?«

Klar mögen sie Pfannkuchen. Emma und Hugo nicken.

Gerade will Mama wieder in der Küche verschwinden, da dreht sie sich noch mal um. »Übrigens, Frau Hagenbuch ist gerade extra aus ihrer Wohnung gekommen. Sie sagte, ihr wärt gestern mit Tieren auf der Straße herumgelaufen. Mit einem Pony, einem Schaf oder einem Ziegenbock. Und Hugo hätte was von einem Zirkus gesagt.«

»Das …« Hugo stottert, und Emma merkt, dass ihm überhaupt nichts einfällt.

»Das hat sie sich bestimmt ausgedacht.« Emma ist froh, dass sie nicht gesagt hat, dass Frau Hagenbuch gelogen hat. Hat sie ja nicht. Aber sie mag die Frau nicht. Sie steht immer hinter dem Vorhang und schaut, was andere machen.

»Ja, ihr ist sicher langweilig«, ergänzt Hugo. »Sie wohnt doch ganz allein. Vielleicht denkt sie sich gern Geschichten aus und die erzählt sie dann euch, weil sie sonst niemanden hat.«

»Hm.« Mama hat sich umgedreht. So ganz überzeugt, scheint sie nicht zu sein, denn sie schüttelt den Kopf und murmelt etwas vor sich hin, was Emma nicht versteht. Und wenn Mama murmelt, dann denkt sie ziemlich viel. »Schmutz auf der Treppe«, hört Emma, dann noch »Getrampel«, aber dann stellt Mama den Mixer für den Pfannkuchenteig an, und Emma hofft, dass sie nicht noch länger nachdenkt.

Beim Pfannkuchenessen herrscht eine merkwürdige Stimmung. Dabei ist doch alles gut. Lucy sitzt auf ihrem Stühlchen und stopft sich kleine Pfannkuchenstreifen in den Mund. Papa schaut etwas müde. Er regt sich immer auf, wenn Lucy in die Notaufnahme muss, und da war sie schon öfter. Hugo hat seinen Spezialpfannkuchen bekommen und stochert etwas lustlos darauf herum, aber Emma schmeckt es. Eigentlich. Emma liebt Pfannkuchen, besonders Pfannkuchen mit Nutella. Das gibt es zwar heute nicht, das Nutellaglas hat sie gestern leer gegessen, aber dafür gibt es Himbeermarmelade. Und die mag Emma auch. Wenn nur Mama nicht so grimmig gucken würde. Vorhin war sie doch noch gut gelaunt gewesen. Lucy geht es doch viel besser.

Niemand sagt was.

Mama hebt ein Pfannkuchenstück auf, das neben

Lucy auf den Boden gefallen ist und schaut Emma und Hugo mit gerunzelter Stirn an. Und Emma weiß: Jetzt kommt was!

»Vorhin hat Achmeds Papa angerufen.«

O nein!, denkt Emma. Und lässt den Blick auf ihrem Pfannkuchen ruhen.

Papa isst weiter und angelt sich noch einen Pfannkuchen. »Und?«, fragt er und schaut Emma und Hugo an. »Haben die beiden was ausgefressen?«

»Nein«, sagt Mama, »nichts ausgefressen. Aber auf dem Grundstück, wo ihr wohl mit Achmed …« Mama macht eine Pause, »und ohne Erlaubnis wart …« Emma drückt sich ein wenig in ihren Stuhl. Mama redet so betont langsam. Und wenn sie das tut, ist sie richtig sauer.

»Auf diesem Grundstück wurde etwas abgefressen.«

»Hä? Haben Emma und Hugo was abgefressen?« Papa schaut völlig verdutzt. »Hattet ihr Hunger?«

Emma hält sich den Mund zu, damit sie nicht laut loslacht. Papa ist manchmal genauso verpeilt wie Hugo.

»Auf diesem Grundstück, das Achmeds Eltern gehört, waren kleine Salatpflänzchen gepflanzt, und Rosenkohl vom Winter stand auch noch da. Und das ist jetzt alles weg.«

»Wie weg?«, fragt Papa und steckt sich einen riesigen Pfannkuchenfladen in den Mund.

Emma merkt, wie sich ihr Gesicht rötet. Ob Hugos Gesicht rot ist, sieht sie nicht. Er guckt auf seinen Pfannkuchenteller und tut so, als ob ihn das nichts anginge.

»Tine, jetzt sag schon.« Papa scheint langsam ungeduldig zu werden.

»Auf diesem Grundstück befinden sich Tiere. Möglicherweise die Tiere, von denen auch Frau Hagenbuch gesprochen hat?«

»Wie?« Jetzt scheint Papa zu verstehen. »Das Pony, der Ziegenbock, das Schaf und …« Papa kichert ein wenig vor sich hin. »Die Alte hat also doch nicht geträumt.«

»Tom, bitte.« Mama schaut ihn missbilligend an. »Und dann gibt es noch einen Hund und eine Katze«, ergänzt sie.

Jetzt kann Emma Mamas Gesichtsausdruck nicht

mehr genau deuten. Alles ist möglich, zwischen sehr sauer oder schrecklich wütend. »Emma! Hugo! Was ist hier los?« Mama hat Messer und Gabel neben ihren Teller gelegt und pfeffert ihre Serviette auf den Tisch. »Gestern war ein Riesengetrampel hier im Treppenhaus, überall war es schmutzig, der Schlüssel zur Garage ist verschwunden, das Garagenfenster offen, und es stinkt bestialisch. Das Gulasch aus dem Kühlschrank ist auch weg …«

Emma schluckt.

»Und jetzt ruft mich Achmeds Papa an und sagt, ihr beide hättet zusammen mit Achmed all diese Tiere auf sein Grundstück gebracht, und die hätten alles abgefressen, was gerade angewachsen war und die frisch eingesäte Wiese zertrampelt. Stimmt das?«

Hugo hebt den Kopf, er schaut Emma an, dann schauen sie Mama an und nicken, beide.

»Was?« Mama ist völlig entsetzt. Und jetzt hagelt es ein Donnerwetter, das Emma so noch nie erlebt hat. Mama schimpft und fragt sie aus, Papa fragt auch manchmal. Sie versuchen zu erklären, vor allem Emma versucht es, aber Mamas Gesicht wird immer röter. Schließlich steht sie auf und läuft wie ein Tiger um den Esstisch herum. Lucy fängt an zu schreien. Papa sagt: »Tine, bitte!« Aber Mama will sich nicht beruhigen und schimpft immer weiter. »Ihr könnt doch nicht einfach die Tiere eines Bauern entführen. Der sucht sie doch sicher. Und …«

»Aber er will sie wegbringen und du magst doch auch Tiere«, unterbricht Emma sie. »Sonst hätte Klara doch nicht uns ausgesucht.«

»Emma, hör mit diesem Quatsch auf! Es gibt keine sprechenden Tiere. Wo hast du bloß deine Phantasie her?«

Emma schaut ihren Vater an. Nicht mal er glaubt ihr.

»Und du, Hugo, wieso hast du bei solch einem Blödsinn mitgemacht?« Jetzt steht Mama direkt neben Hugo, aber der bringt kein Wort heraus.

Mama nimmt Lucy aus dem Kinderstuhl und ver-

sucht sie zu beruhigen. Aber die krakelt immer mehr. Was für ein Glück, dass Lucy so laut schreien kann. Denn jetzt brüllt sie so laut, dass sogar Mama still ist. Sie schaut aus dem Fenster, draußen ist es dunkel, sie sagt kein Wort mehr. Schließlich dreht sie sich zu Emma und Hugo und sagt: »Morgen bringt ihr die Tiere zurück.«

»Nein!« Emma ist von ihrem Stuhl aufgesprungen. Er droht umzufallen, aber Papa kann ihn gerade noch festhalten, bevor er kippt.

»Dann sperrt der Bauer sie wieder ein und bringt sie in ein doofes Altersheim. Da wollen sie doch nicht hin!«, ruft Emma. »Du musst auch in ein Altersheim, wenn du alt bist. Und du darfst da nie mehr raus!«, schreit sie Mama ins Gesicht und rennt mit hochrotem Kopf aus der Küche.

Emma hat sich in ihrem Zimmer eingeschlossen. Sie liegt auf dem Bett, zusammengerollt wie ein Baby. Eine halbe Stunde lang hat sie geweint, geweint und geweint. Ihr Kopfkissen ist nass, und sie ist völlig fertig. Vorhin hat Hugo an ihrer Tür geklopft und gesagt, sie soll aufmachen. Aber Emma hat sich nicht gerührt. Danach wollte Papa mit ihr reden. Aber auch ihn hat sie nicht hereingelassen. Mama ist nicht gekommen.

Emma setzt sich auf und schaut aus dem Fenster. Draußen ist es jetzt stockdunkel. Nur eine Außenlaterne scheint ein wenig in ihr Zimmer. Ihr Blick fällt auf den Wecker. Es ist halb neun Uhr. Lucy ist sicher schon im Bett. Vorhin hat sie gehört, wie Papa sie ins Bad gebracht und gewickelt hat. Papa summt dabei immer, weil Lucy das mag. Aber diesmal hat das Summen irgendwie traurig geklungen.

Warum glaubt Mama ihr nicht? Klara und ihre

Freunde können sprechen. Hugo hat sie doch auch verstanden. Aber ihr blöder Bruder ist ja so was von feige. Kein Wort hat er am Tisch gesagt. Emma wischt sich die letzte Träne von der Wange. Und Papa? Der fand das alles sogar witzig. Wie können ihre Eltern so dumm sein und nicht verstehen, dass ihre Freunde in Gefahr sind? Und Mama regt sich wegen der paar abgefressenen Pflänzchen auf.

Jetzt ist Emma nicht mehr traurig, jetzt ist sie richtig wütend. Was glaubt Mama eigentlich? Dass sie ihre Freunde im Stich lässt? Dass sie es zulässt, dass Klara, Waldemar, Hildegard, Frieder und die scheue Susi, die sogar Hugo mag, gefangen werden? Niemals!

Emma schlägt mit der Faust in das nasse Kopfkissen. Sie überlegt, nur ganz kurz, dann fasst sie einen Entschluss.

Emma packt. Sie stopft den dicken roten Kuschelpullover in ihren Rucksack. Was braucht sie noch?

Eine Taschenlampe. Papa sagt, eine Taschenlampe muss man immer dabei haben. Für alle Fälle. Sie kramt sie aus der Schreibtischschublade. Ganz hinten findet sie sie, neben ihrem blauen Spitzer, den sie schon so lange gesucht hat. Etwas zu essen? Natürlich braucht sie etwas zu essen. In ihrem Nachttischchen liegt noch ein Schoko-Riegel und eine halbe Nugat-Schokolade. Den Riegel hat ihr Oma Klara an ihrem Geburtstag

zugesteckt, kurz bevor sie wieder nach Hause gefahren ist. Mama hat nichts mitbekommen, sie mag es nicht, wenn sie Süßes geschenkt bekommt. Und die Schokolade hat sie sich von ihrem Taschengeld gekauft und versteckt, damit sie mal was hat, wenn sie nachts aufwacht und Lust auf Süßes hat. Emma legt die Süßigkeiten zusammen mit der Taschenlampe in den Rucksack, zieht die Kordel zu und schließt die beiden Laschen. Dann kramt sie ihren roten Schlafsack aus dem Schrank, den sie letztes Jahr zum Campen am Gardasee bekommen hat. Und jetzt? Jetzt muss sie warten, bis alle im Bett sind.

20

Emma lauscht, aber von unten hört sie immer noch
Geräusche. Sie hört Hugo, der die Treppe hochtram-
pelt und »Gute Nacht!« ruft. Sie nimmt gedämpfte
Stimmen wahr, vielleicht aus dem Wohnzimmer. Dann
wird es still, und sie hofft, dass Mama und Papa endlich ins Bett gehen. Und ab und zu hofft sie, dass
Mama an ihre Tür klopft, aber Mama kommt nicht.
Emma sitzt auf ihrem Bett, den Rücken an die Wand
gelehnt. Fast wäre sie eingenickt, aber dann hört sie
zwei Mal kurz hintereinander die Toilettenspülung,
und schließlich wird eine Zimmertür zugemacht.
Endlich! Emma greift zu Rucksack und Schlafsack
und geht zur Tür. Sie öffnet sie leise. Im Flur ist es
dunkel. Sie wartet noch ein paar Minuten, dann
schleicht sie die Treppe nach unten, zieht Schuhe und
Jacke an und schließt die Haustür auf, in der von
innen der Schlüssel steckt. Einen kurzen Moment

zögert sie, aber dann setzt sie entschlossen den Rucksack auf, zieht die Tür so leise wie möglich zu und geht am Haus entlang bis zum Gartentor. Bevor Emma es schließt, dreht sie sich noch einmal um. In Hugos Zimmer sieht sie noch einen kleinen Lichtschimmer. Vielleicht liest er noch in seinem neuen Astronauten-Buch. Bei Mama und Papa ist alles dunkel. Emma schluckt. Dann geht sie los.

Die Straßenlaternen leuchten schwach. Es ist nicht ganz dunkel, aber irgendwie unheimlich, so ein mattes gelbes Licht, und manchmal ist eine der Lampen ausgefallen, dann sieht sie nicht mehr viel. Emma kramt die Taschenlampe aus dem Rucksack und schaltet sie ein. Aber der Lichtstrahl ist viel zu grell. Das geht nicht, da fällt sie ja total auf. Und da vorne kommt ein Auto. Emma schaltet die Taschenlampe wieder aus und rennt zu einem Busch, der schon ein paar Blätter hat. Sie bückt sich und versteckt sich da-

hinter. Ihr Herz klopft laut. Das Auto fährt vorbei, sie
atmet auf und läuft weiter. Emma lässt ihre Schule
links liegen und kommt an Achmeds Haus vorbei.
Hier ist auch alles dunkel. Jetzt hören die Straßenlaternen auf. Puhh, noch nie ist sie nachts alleine
unterwegs gewesen. Darf sie ja auch nicht, eigentlich.
Aber das ist der totale Notfall. Jetzt geht Emma so
schnell sie kann. Wenn sie sich beeilt, ist sie sicher
gleich da. Der Rucksack hüpft auf ihrem Rücken hin

und her, der Schlafsack schlägt gegen ihre Beine. Emma hat das Gefühl, sie kann nicht mehr atmen. In der Hand hat sie immer noch die Taschenlampe, vielleicht braucht sie die, wenn ihr jemand begegnet. Hoffentlich begegnet ihr niemand. Da vorne, da müssten schon die ersten Schrebergärten kommen. Jetzt rennt Emma. Sie sieht Umrisse. Dann einen Zaun, mehr Zäune und endlich die Hütte, in der ihre Freunde sind. Sie stoppt, bleibt kurz stehen, ihr Herz rast. Und dann ist sie so was von erleichtert. Sie hat es geschafft! Sie öffnet das Gartentor, geht über den kleinen gepflasterten Weg, macht die Tür zur Hütte auf und leuchtet mit dem grellen Strahl der Taschenlampe in den Raum.

»Ah!«

»Hilfe, Überfall! Was ist denn hier los?

Wau, wau, wau, wau, wau!«

Emma fliegen erschrockene Worte, Gebell und Ge-
mecker um die Ohren. Dann springt ihr etwas ins
Gesicht, etwas Felliges. Das hat so eine Wucht, dass
Emma hintenüberfällt und mit ihrem Po auf dem
Hüttenboden landet. Der Schlafsack fällt neben sie,
der Rucksack rutscht ihr von den Schultern. Die
Taschenlampe gleitet ihr aus der Hand und geht aus.
Es ist stockdunkel im Raum. Vor Schreck bringt
Emma kein Wort hervor. Schließlich geht ein schumm-
riges Licht an und eine Stimme, die ihr sehr vertraut
vorkommt, sagt: »Mann, wie kannst du uns so erschrecken!« Klara steht vor ihr und schaut Emma vorwurfsvoll an. »Wir haben so schön geschlafen!«

Susi, die ihr wohl gerade ins Gesicht gesprungen
ist, hat sich unter dem Sofa verkrochen. Frieder steht

kampfbereit mit erhobenem Schwanz neben dem Tisch, aber er bellt nicht mehr. Hildegard und Waldemar liegen zusammen auf dem Boden und schauen verschlafen. Waldemar. Jetzt kriecht wieder dieser müffelige Geruch in Emmas Nase, der sie fast umhaut. Wenn sie nicht schon am Boden liegen würde, würde sie spätestens jetzt umfallen. Wie können die Fürchterlichen Fünf nur in diesem Gestank schlafen? Sie kann das auf keinen Fall. Emma rappelt sich hoch und öffnet die Tür. Sie muss raus hier. Das hält sie nicht aus. Vor der Tür des Schrebergartenhäuschens bleibt sie stehen und atmet tief durch.

»Wohin willst du denn?« Klara hat sie nach vorne geschubst, macht die Tür hinter sich zu und steht nun neben Emma.

»Zu euch«, sagt Emma. »Ich will euch retten. Aber ich kann ja nicht mit euch zusammen in der Hütte schlafen. Es stinkt so!« Emma steigen Tränen in die Augen. Sie weiß gar nicht warum. Vielleicht, weil sie so furchtbar erschöpft ist.

»Du hast uns doch schon gerettet.« Klara drückt ihren dicken Ponybauch an Emma, und die spürt wie stark und warm Klara ist.

Klara schaut Emma in die Augen. »Du hast meine Freunde aus dem Schuppen befreit«, sagt sie und fährt fort. »Du bist das tapferste Mädchen, das ich kenne.« Klara versucht einen Huf auf Emmas Schulter zu legen. Aber der ist richtig schwer, und Emma stellt ihn wieder behutsam auf den Boden zurück. »Echt jetzt?«, fragt sie und wischt sich eine Träne weg, die über ihre Wange läuft.

»Echt jetzt«, sagt Klara.

»Wie viele Mädchen kennst du denn?« Emmas Stimme klingt jetzt schon wieder fester. Sie hasst es, wenn sie weint. Manchmal ist es ja gut, dann wird der Knoten im Bauch kleiner. Aber eigentlich ist es am schönsten, wenn Mama oder Papa sie in die Arme nehmen. Aber die sind ja nicht da. Außerdem wird Mama sie bestimmt nicht mehr in den Arm nehmen. Die war heute Abend so was von sauer, dass …

»Mindestens acht oder achtundzwanzig. Ich bin nicht so gut im Rechnen«, unterbricht Klara sie in ihren Gedanken.

»Hä?«

»Du wolltest wissen, wie viele Mädchen ich kenne. Da wären Tini, Laura, Mia, Ali …«

»Woher kennst du die?«

»Die sind alle auf mir geritten, früher, als ich es noch nicht mit dem Rücken hatte. Und wenn ein Mädchen auf meinem Rücken reitet, spüre ich genau, welches tapfer ist und welches nicht.«

»Und – welches Mädchen war tapfer?«

»Keines.«

»Du schwindelst.« Emma stupst Klara an und lächelt schon wieder ein wenig.

»Aber nur ein bisschen.« Klaras große Ponyzähne leuchten in der Dunkelheit, und der Mond scheint auf ihre weiße Mähne.

»Darf ich auch mal auf dir reiten?«, fragt Emma.

»Klar. Ich muss nur meinen Rücken noch etwas schonen. Aber dann … reite ich mit dir durch die Prärie!« Klara wiehert.

»Hier gibt es doch gar keine Prärie.«

»Na dann eben über die Wiesen.« Sie setzt sich auf die blau angestrichene Bank, die neben der Tür steht und gähnt. »Bist du gar nicht müde?«, fragt sie Emma.

»Doch. Aber, ich will euch doch vor Bauer Heinz retten. Mama sagt, ihr müsst wieder zu ihm zurück. Wir müssen weglaufen!«

»Aber doch nicht mitten in der Nacht. Nachts sollte man schlafen und neue Kraft schöpfen. Auch kleine Mädchen sollten schlafen.«

»Ich bin nicht klein.«

»Weiß ich doch.« Klara klopft mit dem Huf auf den Platz neben ihr auf der Bank.

Emma setzt sich.

»Du bist groß und tapfer. Aber es ist wichtig, dass wir uns ausruhen. Achmeds Papa möchte, dass wir morgen früh hier verschwunden sind. Das hat Achmed uns vorhin mitgeteilt. Sein Papa ist fürchterlich sauer, weil Hildegard und Waldemar seine Pflänzchen abgefressen haben. Morgen früh gehen wir.«

»Aber wohin?« Emma ist so schrecklich müde, vom Weinen heute Abend, vom Packen und Zur-Hütte-Rennen. Und dann war es ja ganz schön gruselig, so alleine unterwegs. Sie kann kaum noch die Augen aufhalten.

»In den Wald«, sagt Klara. Als wir mit Achmed spazieren gegangen sind, habe ich einen Bauwagen gesehen. Dort verstecken wir uns.«

»Und wenn uns dort jemand fi…« Emma gähnt und lehnt sich an Klaras kuschlig warmen Ponybauch. Morgen früh werden sie abhauen, aber jetzt … Sie ist so müde.

Emma träumt. Sie reitet auf einem wunderschönen schwarzen Hengst. Ihre blonden Locken fliegen, und jetzt fängt ihr Super-Hengst an zu galoppieren. Über Wiesen und Felder, auf denen roter Mohn blüht. Da kommt ein Hindernis, ein Stapel aus Baumstämmen. Klar, er wird es schaffen, ihr Hengst ist der schönste, der beste, er nimmt Anlauf, springt … und Emma landet unsanft auf dem Boden. Autsch! Was ist das denn? Sie spürt die warmen Nüstern ihres Pferdes, dann eine warme Zunge … Emma öffnet die Augen. »Ahhh!«

»Alles in Ordnung?«

Klaras tiefe Stimme bringt Emma wieder zurück. Wo ist sie nur? Emma schaut sich um. Da sind keine Felder mit rotem Mohn. Da ist ein blauangestrichenes Holzbein und noch eines – eine Bank. Daneben liegt ihr Schlafsack. Und sie sitzt auf einem ziemlich harten Lehmboden vor einer Schrebergartenhütte. Und da ist auch kein Hengst mit glänzender Mähne, sondern ein dickes Pony, das ihr mit dunklen warmen Augen in die Augen starrt und sie auf die Bank zerrt. »Du verkühlst dich da unten. Komm hoch!«

»Ich hab so schön geträumt!«, sagt Emma verschlafen und reibt sich die Augen.

»Ich nicht«, sagt Klara. »Ich hab auf dich aufgepasst, damit du nicht von der Bank fällst. Aber schließlich muss ich doch eingenickt sein.« Klara schaut sich um. »Es wird bald hell. Wir sollten uns aufmachen.«

Oh, natürlich. Jetzt weiß es Emma wieder. Sie müssen weg. Und zwar sofort.

Klara ist schon in die Hütte gegangen. Emma folgt ihr und schließt die Tür hinter sich. Sie atmet durch den Mund, so erträgt sie Waldemars Geruch besser. Jetzt muss alles schnell gehen. Aber es dauert, bis Frieder sich von seiner Schlafstelle erhebt. Waldemar und Hildegard, die zusammengekuschelt in einer Ecke vor sich hin schnarchen, bekommen kaum die Augen auf. Nur Susi ist schon hellwach. Sie sitzt an einem winzigen Fenster und starrt hinaus. Emma bemerkt, dass sie einen Buckel macht. Hat sie etwas Gefährliches beobachtet? Jetzt hört Emma einen Automotor, dann ist es still, und kurz danach schlägt eine Autotür zu. Dann noch eine. Erschrocken schaut sie Klara an. Die legt ihren Huf vor ihr Maul. Emma steigt auf das Sofa und linst durchs Fenster. Oh, nein!

Da kommen Mama und Hugo. Mama hat ihren energischen Schritt drauf. Das wird ein Donnerwetter geben! Hektisch sieht sich Emma um. Aber, sie kann nicht weg, sie kann sich nicht verstecken. Es gibt nur dieses Fenster, durch das sie gerade hinausschaut. Und das ist so klein, dass nicht mal sie dort hinaussteigen kann. Dabei ist sie wirklich nicht groß. Und die Tür, aber da kommen ja gerade … »Emma?« Das ist Mamas Stimme.

Emmas Herz klopft lautstark. Dann hört sie noch mal »Emma.« Irgendwie hört sich das gar nicht böse an, sondern eher vorsichtig, als würde sie zu Hause krank im Bett liegen und Mama fragt, ob sie ihr noch einen Kakao oder eine Apfeltasche bringen kann. Emma zögert, aber schließlich öffnet sie langsam die Tür, geht hinaus, und dann passiert etwas, womit sie nicht gerechnet hat. Mama kommt auf sie zu und nimmt sie in ihre weichen Arme. Und sie wiegt sie hin und her, streicht ihr über die Haare und murmelt vor sich hin. »Oh, mein kleines Mädchen. Ich bin so froh, dass du hier bist. Meine Kleine, tut mir leid, dass ich gestern so wütend auf dich war und …« Mama lässt sie gar nicht mehr los.

Emma fällt ein Stein vom Herzen. Sie schaut unter Mamas Armen hervor. Und da steht Hugo und grinst etwas verlegen.

Jetzt lässt Mama sie los. »Geht's dir gut, Emma?«

Emma nickt.

»Wo hast du denn geschlafen?« Mama schaut sich um. »Hier in der Hütte?«

Emma kann darauf gar nichts antworten, denn Mama macht die Tür weit auf und betrachtet ihre fünf fürchterlichen Freunde, die sehr nah beieinanderstehen und Mama erschrocken anschauen.

»Sind sie das?«, fragt Mama und dreht sich zu Emma um.

Emma nickt noch einmal. »Das ist Klara«, sagt Emma und zeigt auf ihre große Freundin.

Klara tritt zwei Schritte nach vorne. »Guten Morgen«, sagt sie und wiehert ein bisschen.

Mama nickt Klara zu.

»Waldemar und Hildegard.« Emma deutet auf die beiden, die sich noch etwas mehr aneinanderdrücken.

»Aha, ein Ziegenbock.« Mama rümpft ein wenig die Nase, und Emma versteht, dass Mama sofort weiß, wer hier so müffelt.

»Meine Freundin ist ein Schaf«, sagt Waldemar mit seiner nettesten Stimme.

Emma übersetzt. »Hildegard ist ein Schaf.«

»Verstehe«, sagt Mama.

»Das ist Frieder«, sagt Emma und deutet auf den zottigen Frieder, der kurz bellt, aber so, dass keiner Angst vor ihm kriegen kann. Nicht mal Hugo. Der hat sich auch in den kleinen Raum gedrückt und schaut sich die Vorstellung neugierig an.

»Und dann gibt es noch Susi«, sagt Emma.

»Und wo ist Susi?« Mama schaut sich um.

»Na hier.«

Susi hat sich unter einem Stuhl versteckt. Aber Hugo hat sie entdeckt und hervorgeholt. Susi kuschelt sich in Hugos Arme und schnurrt.

Erstaunt schaut Mama Hugo an. »Seit wann magst du Katzen?«

»Seit vorgestern«, sagt er und gibt Susi einen Kuss auf ihren weichen Hinterkopf.

»Okay, Emma«, sagt Mama und schaut ihr in die Augen. »Deine Freunde sind wirklich sehr lieb. Aber es geht nicht anders. Sie müssen zurück zu Bauer Heinz.«

»Nein!« Entsetzt schaut Emma in Mamas Augen.

23

Ein schreckliches Durcheinander entsteht. Frieder bellt, ziemlich laut sogar, obwohl er ja eigentlich heiser ist. Klaras Nüstern blähen sich auf, und sie wiehert aufgeregt. Waldemar und Hildegard meckern durcheinander, und Susi ist vor Schreck von Hugos Arm gesprungen und drückt sich in eine Ecke.

»Stopp!« Mama hat eine durchdringende Stimme, die sie nur dann benutzt, wenn es unbedingt nötig ist. Emma kennt diese Stimme. So schreit Mama, wenn Emma ohne zu schauen über die Straße rennen will, oder wenn sie in ihrem super schönen, weißen Sommerkleid bereits den untersten Ast des Birnbaums im Garten bestiegen hat. Und das laute »Stopp« wirkt.

Die Fürchterlichen Fünf sind plötzlich mucksmäuschenstill.

Mama schaut in die Runde und vor allem schaut sie Emma durchdringend an. »Es muss sein«, sagt sie.

»Aber«, sie hebt die Hand, weil Waldemar schon wieder anfängt, zu meckern, »ich verspreche euch: Falls euch der Bauer wegbringen will, dann werde ich dafür sorgen, dass jeder von euch ein schönes neues Zuhause bekommt.«

Schon wieder gehen die Stimmen durcheinander. Jetzt ist es Emma, die sich einmischt: »Seid doch endlich mal still. Ich will wissen, was Mama vorhat.«

»Ganz einfach: Ich gehe mit euch, Emma und Hugo, zu Bauer Heinz, und ihr erzählt ihm, dass ihr es wart, die die Tiere geklaut haben.«

»Wir haben sie nicht geklaut, wir haben sie befreit.« Das war Hugo, der sich neben Emma gestellt hat und Mama vorwurfsvoll anschaut.

»Dann eben befreit.« Mamas Stimme klingt schon wieder etwas nachsichtiger. »Falls der Bauer eure Freunde wirklich loswerden möchte, dann wird er froh sein, wenn wir andere Besitzer für sie finden. Falls nicht, dann wird sich sicher klären, warum eure Freunde der Meinung sind, dass sie dort nicht mehr sicher sind.«

»Achmed will mich aufnehmen«, sagt Frieder jetzt mit tiefer Stimme. »Hat er mir gestern ins Ohr geflüstert. Das hat vielleicht gekitzelt.« Frieder kichert ein wenig.

»Und ich stelle mich in euren Garten«, sagt Klara. »Emma will ja schon lange ein Pony, nicht Emma?« Emma nickt und sagt: »Klar, in unserem Garten gibt es viel Platz.«

»Bitte?«, fragt Mama.

»Klara will zu uns«, sagt sie.

»Und ich nehme Susi«, sagt Hugo schnell, um Mama davon abzuhalten, etwas zu sagen, und Emma merkt, dass ihr großer Bruder ein wenig rot wird.

Mama bleibt tatsächlich der Mund offen.

»Und was wird mit uns?«, fragt Hildegard und schaut Waldemar an. »Uns will bestimmt niemand. Wer mag denn schon einen stinkenden Ziegenbock.« Sie boxt Waldemar in die Seite.

»Seit wann gefällt dir mein Duft nicht mehr?« Waldemar scheint beleidigt zu sein und rückt ein wenig von Hildegard ab. »Eigentlich will ich, dass wir alle fünf zusammenbleiben«, wendet Waldemar ein. »Wir sind doch schon unser ganzes Leben lang zusammen. Wir sind doch Freunde.« Er lässt den Kopf hängen, und Emma kann nicht anders, sie krault Waldemar genau an der Stelle, an der er am meisten stinkt.

Jetzt ist es ganz still geworden im Schrebergartenhäuschen. Die anderen vier nicken. »Hm, ja, stimmt ...« geht es durcheinander, und Emma merkt, wie traurig ihre Freunde klingen.

Irgendwie hat Emma den Eindruck, als habe Mama die Fürchterlichen Fünf verstanden. Denn sie schaut jeden der fünf lange schweigend an.

»Wir werden eine gute Lösung finden«, sagt sie schließlich und wendet sich dann zu Emma und Hugo. »Seid ihr bereit?«

Papa und Lucy warten bereits am Gartentor, als Mama mit Hugo und Emma im Auto vorfährt.

»Hast du den Bauern erreicht?«, fragt Mama.

»Hab ich«, sagt Papa. »Er wartet schon auf uns.« Papa zwängt sich nach hinten zu Emma und schnallt Lucy im Babysitz an.

»Was hat denn der Bauer gesagt?«, fragt Emma. Irgendwie spürt sie einen Kloß im Hals. Eigentlich macht man das ja nicht, Tiere von einem Bauernhof klauen. Oder befreien. Na ja, befreien eigentlich schon …

»Er hat sich gefreut, als ich ihm erzählt habe, dass seine Tiere bei uns sind und wir sie ihm zurückbringen.«

»Echt jetzt?«, fragt Hugo.

Papa nickt. »Er scheint sich wirklich Sorgen um sie gemacht zu haben.«

»Irgendwie passt das aber nicht so ganz zusammen«,

sagt Hugo und räkelt sich auf dem Beifahrersitz. Wahrscheinlich findet er es cool, dass er vorne sitzen darf, während Papa hinten versucht seine Beine irgendwie unterzubringen.

»Hat er sonst noch was gesagt?«, fragt Emma.

Papa schüttelt den Kopf. »Er hatte keine Zeit mehr!«

Mama fährt los. Bis zur nächsten Ampel, am Haus von Emmas bester Freundin Malena vorbei, dann Richtung Kirche, noch mal rechts am Park entlang, durch den Hugo und Emma vorgestern Abend mit den Fürchterlichen Fünf gelaufen sind, und kurze Zeit später hält Mama auf dem Hof.

Emma schluckt. »Muss ich wirklich mit?«

Hugo dreht sich zu Emma um. »Als ich bei den Bauersleuten in der Küche war, war er eigentlich ganz nett. Vielleicht wird's gar nicht so schlimm für uns.«

Aber Emma sieht, dass Hugo ziemlich blass um die Nase ist. Vielleicht spürt er auch so einen dicken Kloß im Hals. Emma seufzt und steigt aus.

Zu fünft stehen sie vor der Haustür oder besser zu viert. Lucy hüpft in Papas Armen auf und ab. Mama drückt auf den Klingelknopf, und die Frau, die Hugos Hand mit Salbe eingecremt hat, macht auf.

»Oh, das ist ja schön, dass Sie da sind. Mein Mann ist noch im Stall. Kommen Sie doch bitte herein. Ihr natürlich auch.« Sie schaut Emma und Hugo an.

Emma, die sich vorhin noch hinter ihrem großen Papa versteckt hat, traut sich sogar der Frau die Hand zu geben. Sie sieht nett aus, mit ihren Sommersprossen und den lockigen Haaren.

Schließlich sitzen sie alle zusammen im Wohnzimmer. Frau Heinz hat Hugo und ihr Apfelsaft hingestellt, Mama und Papa trinken Kaffee. Und für Lucy gibt es einen Keks. Jetzt kommt auch der Bauer herein. Plötzlich sieht der Mann gar nicht mehr so furchterregend aus, wie noch vor ein paar Tagen, denkt Emma. Bauer Heinz hat ein rundes Gesicht, und seine braunen Haare stehen kreuz und quer von seinem Kopf ab. Er setzt sich auf einen der Sessel, neben seine Frau und sagt: »Ich bin Ihnen so dankbar, dass sie meine Tiere gefunden haben.«

»Von finden kann keine Rede sein«, sagt Mama, und irgendwie ärgert Emma das. Mama könnte den Bauern doch glauben lassen, dass die Tiere alleine ausgebüxt sind, und sie sie in Achmeds Gartenhäuschen gefunden haben.

»Ach so«, sagt Bauer Heinz jetzt. »Nicht?«

»Unsere Kinder, Emma und Hugo,« Emma spürt genau Papas Blick von der Seite, »die beiden möchten Ihnen etwas sagen.« Emma sieht, wie Hugo unruhig auf dem Sofa hin- und herrutscht.

Mama, die neben Hugo sitzt, legt ihre Hand auf seine und drückt sie, aber Hugo zieht sie sofort weg.

»Bist du nicht der Junge, dessen Hand verstaucht war?«, fragt jetzt Frau Heinz und lächelt Hugo an. »Ist alles wieder gut?«

»Ähm …«

»Du hast die Hand verstaucht?«, fragt Mama.

»Nein, also …« Hugo atmet tief durch.

»Das war so«, sagt Emma jetzt und beginnt zu erzählen. Die Erwachsenen hören zu. Ab und an ergänzt Hugo etwas. Auf alle Fälle ist Emma ziemlich erleichtert, als sie die Gesichter der Bauersleute und vor allem das von Frau Heinz sieht, denn die lacht plötzlich laut los. »Da habt ihr uns ja ganz schön an der Nase herumgeführt. Zuerst Hugo mit seiner Hand und dann Emma, die unsere Tiere geklaut hat. Ich glaube, das hätte ich mich in eurem Alter nicht getraut.« Die Nase von Frau Heinz kriegt kleine Fältchen, wenn sie lacht, und irgendwie mag Emma das.

»Und, ihr versteht wirklich die Sprache unserer Tiere?«, fragt Herr Heinz jetzt.

Emma und Hugo nicken.

»Irgendwie hatte ich schon immer den Verdacht, dass Kinder mit Tieren reden können«, sagt er. »Als ich Kind war, habe ich auch mit meinem Hund und mit meiner Maus gesprochen, und sie haben mir geantwortet.«

»Echt jetzt?«, fragen Emma und Hugo gleichzeitig.

»Echt jetzt«, sagt Herr Heinz. »Aber das hat sich dann verloren, als ich älter geworden bin.«

»Aber, erzählen Sie uns doch«, mischt sich Papa jetzt ein, »was ist denn los auf Ihrem Bauernhof? Warum denken die Tiere, dass Sie sie wegbringen wollen?«

Herr Heinz trinkt einen Schluck aus seinem Wasserglas. »Das ist so«, beginnt er. »Seit einigen Tagen läuft hier abends eine Rotte Wildschweine herum, und die ist so außer Rand und Band, dass ich Angst um unsere alten Tiere hatte. Ich weiß nicht, warum die Wildschweine gerade zu uns kommen. Auf alle Fälle sind es immer zwischen drei und fünf, manchmal sind auch Frischlinge dabei. Die großen Wildschweine graben hier dann den ganzen Boden um ...«

»Und meinen frisch angelegten Gemüsegarten haben sie auch total verwüstet«, ergänzt Frau Heinz.

»Ja, aber vor allem geht es uns um unsere alten

Tiere. Sie laufen alle frei herum, und Bachen sind angriffslustig, wenn ihre Kleinen dabei sind. Ich habe unsere Tiere, um sie zu schützen, in den unbenutzten Stall gesperrt. Aber das ist ja keine Lösung. Die Armen. Deshalb wollte ich den Wildschweinen eine Falle stellen. Ich habe Futter ausgelegt, um sie in Klaras Gehege einzufangen. Aber das hat nicht geklappt. Schweine sind intelligent. Sie haben wohl bemerkt, was ich vorhatte.«

»Klara hat gar nichts von Wildschweinen erzählt«, wirft Emma ein.

»Das konnte sie auch nicht bemerken. Wenn die Wildschweine kommen, schlafen unsere Tiere bereits tief und fest«, sagt Frau Heinz.

»Es tut mir wirklich leid, dass ich die armen Tiere wegsperren musste. Aber ich wusste mir nicht mehr zu helfen.«

»Und jetzt?«, fragt Hugo. »Kommen die Wildschweine immer noch?«

Herr Heinz nickt.

»Vielleicht könnten die Fürchterlichen Fünf ja in Achmeds Gartenhäuschen bleiben.« Emma schaut in die Runde.

»Das ist ja witzig, dass du sie die Fürchterlichen Fünf nennst«, wirft Frau Heinz ein. »Mein Mann nennt sie auch ab und zu so, weil sie alle schon so alt und klapprig sind. Aber er meint es nicht böse.«

»Nein, das habe ich nur im Scherz gesagt. Die Tiere sind doch meine ältesten Freunde.« Jetzt macht Herr Heinz ein bekümmertes Gesicht. »Es tut mir sehr leid, dass sie das ernst gemeint haben und nicht mehr zu uns zurück wollen.«

»Emma, das geht nicht«, greift Mama das Gespräch wieder auf. »Die Tiere können nicht im Schrebergarten bleiben. Achmeds Papa war wirklich sehr sauer.«

»Und das will ich ja auch nicht«, sagt Herr Heinz. »Sie sollen wieder zu uns. Hier ist doch ihr Zuhause.«

»Aber was, wenn die Wildschweine jeden Abend wiederkommen?« Hugo hat sich auf die Kante vom Sofa gesetzt. Seine Wangen haben jetzt rote Flecken, wie immer, wenn er aufgeregt ist.

»Ich habe da eine Idee, die mir schon seit Tagen im Kopf herumspukt«, sagt Herr Heinz und schaut in die Runde.

Die Idee von Herrn Heinz ist gar nicht schlecht. Er hat einen Jagdschein und kann schießen. Und er kann so schießen, dass den Wildschweinen nichts passiert.

»Ich betäube sie nur«, sagt er und schaut vor allem Emma dabei an, die unruhig auf ihrem Po hin- und herrutscht. Nicht, weil sie sich um die Wildschweine sorgt. Nein, sie will jetzt unbedingt ihre eigene Idee loswerden. Aber Herr Heinz redet begeistert weiter.

»Und was machen wir mit ihnen, wenn sie betäubt sind?«, fragt Hugo schließlich.

»Vielleicht könnten wir die Wildschweine in einem Park unterbringen«, sagt Papa. »Ein Basketballfreund von mir betreibt einen Tierpark. Ich rede mit ihm, das löst sich sicher.« Papa redet und redet, und Emma merkt, wie alle erleichtert schauen. Dabei hat sie doch einen viel besseren Plan. Und der geht ganz ohne Gewehr. Emma stupst Papa in die Seite.

Jetzt sagt er endlich nichts mehr, und sie holt tief Luft.

»Ich könnte mit den Wildschweinen reden!«, sagt sie. Ihr Herz klopft dabei lautstark.

»Wie? Du? Das geht doch nicht …?« Die Stimmen der Erwachsenen gehen wild durcheinander. Nur an Hugos bewunderndem Blick erkennt Emma, dass der sofort verstanden hat, was sie vorhat. »Ich könnte mit den Wildschweinen reden und sie fragen, warum sie gerade auf den Hof von Bauer Heinz kommen.« Emma merkt, wie sich ihre Gedanken überstürzen. »Und wenn ich das herausfinde, dann …«

»Auf keinen Fall«, unterbricht Mama sie.

»Das ist viel zu gefährlich«, findet auch Herr Heinz.

»Aber warum eigentlich nicht?«, sagt Frau Heinz. »Emma kann doch so gut mit Tieren. Schließlich hat Klara sie ausgesucht, weil sie sich von Emma Hilfe erhofft hat.«

»Hm. Ja, warum eigentlich nicht.« Das war Papa, und Emma merkt, dass Papa ihren Vorschlag richtig gut findet.

»Tom, das geht doch nicht!« Mama schaut Papa mit entsetzten Augen an. »Wenn Emma etwas passiert!«

»Ich passe auf sie auf, und Herr Heinz sicher auch«, sagt Papa, und der überlegt und nickt schließlich.

»Doch«, sagt er, »das müsste gehen. Während du mit den Wildschweinen redest, halte ich mein Betäubungsgewehr bereit und dann …«

Emmas Wangen fangen an zu brennen. Sie freut sich, dass sie auf so eine gute Idee gekommen ist. Aber vielleicht hat Mama recht …

»Wir könnten doch beide mit den Wildschweinen reden«, unterbricht Hugo Emma in ihren Gedanken und grinst sie an. »Und vielleicht macht Achmed auch mit. Dann sind wir zu dritt, und es ist überhaupt nicht mehr gefährlich.«

Emma lächelt. Vielleicht ist Hugo ja doch kein so blöder Bruder.

»Sehr gute Idee!«, sagt Papa zu Hugo.

»Schlechte Idee«, sagt Mama zu Papa, aber Emma merkt an Mamas Stimme, dass sie bereit ist, über die Sache nachzudenken. Und schließlich sind ja alle anderen dafür: Papa, Hugo, Frau Heinz, Herr Heinz und Emma. Bleibt nur noch Mama. Und die wird Papa sicher auch noch überzeugen.

26

Was für ein aufregender Vormittag! Und dann kommt der lange Nachmittag vor dem großen Ereignis. Emma hat es zu Hause nicht mehr ausgehalten. Sie musste den Fürchterlichen Fünf unbedingt erzählen, was sie am Abend vorhaben. Also sitzen Emma, Hugo und Achmed jetzt im Gartenhäuschen bei ihren Freunden. Sie haben ihnen Futter und Wasser gebracht. Sogar Achmeds Papa war vorhin kurz da und hat geschaut, ob es den Tieren gut geht.

Emma hat sich an Klaras dicken Bauch gedrückt und streicht über ihren Rücken.

»Hm, mehr«, sagt Klara. »Ich glaube, mein Rücken wird langsam besser.«

»Darf ich bald auf dir reiten?«, fragt Emma.

»Wenn du mir das nächste Mal einen Boskop schenkst, dann werde ich mir das überlegen.« Klara grinst Emma an und kaut an ihrem Apfel, den Emma von zu Hause aus der Obstschale mitgebracht hat. »Das hier ist ein Granny Smith. Siehst du?« Sie macht ihr Maul weit auf, so dass Emma den zermantschten Apfel sehen kann. »Die Schale ist giftgrün«, nuschelt sie. »Diese Sorte mag ich nicht so gerne. Also, merk es dir: Boskop.«

»Und wie erkenne ich einen Boskop?«, fragt Emma.

»Er ist gelb und die Seite, die besonders von der Sonne beschienen wird, ist rot. Er hat eine rauere Schale als Granny Smith und schmeckt wunderbar säuerlich fruchtig. Alles klar?«, fragt Klara und zermanscht ihren Granny Smith nun vollständig im Maul.

Emma nickt und kuschelt sich noch enger an Klara. Irgendwie beruhigt sie der warme Bauch ihrer Freundin. Sie fürchtet sich schon ein wenig vor heute Abend. Was, wenn die Wildschweine nicht halb so nett sind wie die Fürchterlichen Fünf? Klar kann sie sie fragen, was sie auf dem Bauernhof wollen, aber vielleicht sind sie genauso doof wie die Zwillinge Luise und Leo aus ihrer Klasse. Mit denen kann man überhaupt nicht reden. Die trampeln im Sportumkleideraum immer auf den Kleidungsstücken herum, die auf den Boden gefallen sind und klauen Emma Pferdestickerbilder aus dem Schulranzen. Und wenn Emma ihnen sagt, dass sie das bleiben lassen sollen, dann lachen sie nur blöd.

Klara drückt Emma ihre weichen Nüstern ans Ohr:

»Du schaffst das!«, flüstert sie. »Und ihr drei zusammen schafft das allemal.«

»Glaubst du wirklich?«

»Natürlich! Du hast uns aus dem alten Schuppen befreit. Das war sehr mutig von dir. Wir hatten echt Angst vor dem Bauern. Wir wussten doch nicht, warum er uns eingesperrt hat. Und du erinnerst dich sicher, wie sehr mein Ohr geglüht hat, als ich an eurem Haus vorbeigelaufen bin.«

»Klar. Und dein Ohr glüht nur bei Kindern, die Tiere sehr mögen.«

»Genau! Und schau, sogar Hugo mag Tiere. Er ist ganz verliebt in Susi.« Klara deutet zu Hugo, der Susi im Arm hat und seine Nase in ihr weiches Fell drückt.

Emma seufzt. Irgendwie hat sie ganz schön viel Angst vor heute Abend. Aber sie weiß, dass Klara recht hat. Und Achmed wird ja auch dabei sein. Er mag

Tiere genauso sehr wie Emma. Oder vielleicht noch mehr. Wenn das überhaupt geht. Zu dritt werden sie das schon schaffen. Hoffentlich.

»Schade, dass Frieder wieder zurück auf den Bauernhof muss«, sagt Achmed jetzt. Er streichelt Frieders Bauch, und der scheint das sehr zu genießen. Frieder

hat sich auf den Rücken gelegt, streckt alle viere von sich und grunzt genüsslich.

»Deine Schwester ist doch allergisch gegen Hundehaare, oder?« Hugo lässt Susi von seinem Schoß hinunter auf den Boden.

»Ja«, sagt Achmed, »doof, so eine allergische kleine Schwester.«

»Du kannst Frieder sicher bei Bauer Heinz besuchen. Ich werde Klara dort auch besuchen.« Emma bemerkt Klaras Nicken, aber sie bemerkt auch, dass Klaras Augen immer kleiner werden. Sie scheint sehr müde zu sein. Schließlich legt Klara sich ganz auf die Seite und fängt sofort an zu schnarchen. Waldemar und Hildegard schlafen schon seit Emma, Hugo und Achmed in die Hütte gekommen sind.

»Habt ihr auch so 'nen Hunger?«, fragt Emma.

Hugo und Achmed nicken.

Emma schnappt sich die Jutetasche, die Mama ihr vorhin in die Hand gedrückt hat, als sie sie mit dem Auto beim Gartenhäuschen abgesetzt hat.

»Was zur Stärkung«, hat sie gesagt. »Ihr seid ganz schön mutig, dass ihr mit den Wildschweinen sprechen wollt. Aber wir werden alle auf euch aufpassen, besonders Herr Heinz.« Dabei hat Mama ganz komisch geschaut. Emma glaubt, dass Mama ein bisschen Angst um sie hat. Und irgendwie findet sie das gut.

Emma schaut in die Tasche. »Wow, Chips und sogar Schokokekse!« Ihr läuft das Wasser im Mund zusammen. Sie reißt die Kekspackung auf, steckt sich einen Keks in den Mund und reicht die Packung an Achmed weiter. »Du kriegst die Chips«, sagt Emma zu Hugo, und der reißt die Packung auf und greift zu.

Drei Kekse verdrückt sie nacheinander, dann legt sich Emma auf den Rücken neben Klara. Am besten, sie ruht sich auch ein wenig aus, damit sie gestärkt ist für heute Abend, wenn sie sich alle auf dem Bauernhof treffen werden. »Meist kommen die Wildschweine kurz vor dem Dunkelwerden«, hat Herr Heinz heute Vormittag gesagt, als sie sich verabredet haben. Deshalb haben sie ausgemacht: Treffpunkt heute Abend, 19 Uhr.

Es ist so weit! Emma hat ihren Kuschelpullover angezogen. Das musste sein. Mit ihm fühlt sie sich sicherer. Und er hat ihr schon zweimal dabei geholfen, mutig zu sein. Beim ersten Mal, als sie mit Hugo zusammen die Fürchterlichen Fünf aus dem Schuppen befreit hat, und dann, als sie ganz alleine in der Nacht zur Schrebergartenhütte gelaufen ist. Sicher wird Omas Pullover sie auch ein drittes Mal beschützen. Hugo hat seine dunkle Baseballmütze aufgesetzt, Achmed trägt dieselbe. »Dann wirken wir ein bisschen größer«, hat Achmed zu Hugo gesagt, und der hat still genickt. Dabei ist Achmed für sein Alter ohnehin ziemlich groß. Eigentlich könnte er doch mit den Wildschweinen reden, denkt Emma. Aber sie haben vorhin ausgemacht, dass Emma zuerst mit ihnen spricht. Und das möchte sie ja auch gerne. Sie hat doch auch den Vorschlag gemacht, aber irgendwie findet Emma mutig sein ganz schön schwierig.

»Alles klar, Emma?«, fragt Papa jetzt.

Emma schluckt, dreht sich um und schaut zu Papa und Herrn Heinz, die hinter Hugo und Achmed an der Wand des Bauernhauses stehen. Sie nickt.

Herr Heinz hat sein Betäubungsgewehr in der Hand und deutet darauf. Das heißt: Keine Angst, ich beschütze dich! Klar weiß sie, dass er sie beschützt und Papa auch und Mama würde sicher auch schnell aus dem Haus rennen und um sie kämpfen. Mama. Sie dreht sich um. Im Bauernhaus brennt in der Küche Licht. Mama und Frau Heinz stehen hinter dem geschlossenen Fenster. Mama hat Lucy auf dem Arm. Alle, sogar Lucy, schauen gespannt auf den Hof. Von hier aus haben sie alles im Blick.

»Die Wildschweine kommen immer vom Park durch den Hofeingang. Zuerst laufen sie zum Schweine-, danach zum Kuhstall und dann weiter zu Klaras Gatter«, hat Bauer Heinz vorhin zum sicher dritten Mal erklärt. »Immer denselben Weg.«

Also blicken nun alle gebannt nach rechts, zum Hofeingang. Emma spürt, dass irgendetwas an ihrem Hals hektisch klopft. Sie atmet tief ein und aus, und dann sieht sie sie: drei Wildschweine und drei Frischlinge. Sie rennen zielstrebig durch die Hofeinfahrt, am abgestellten Traktor vorbei und direkt auf den Schweinestall zu. Emma schluckt. Mann, die großen sind ganz schön riesig. Soll sie wirklich …? Sie schaut nach hinten zu Papa, der nickt, lächelt, und Emma gibt sich einen Ruck und tritt langsam ein paar Schritte nach vorne. Sie geht den Wildschweinen hinterher.

Sie bemerkt, wie ihr Hugo und Achmed folgen.

»Hallo«, sagt Emma leise. Doch die Wildschweine drehen sich nicht um. »Hallo, ihr!«, ruft sie nun. Und da bemerkt sie, dass die letzte der Sauen stehenbleibt, sich umdreht und sie mit ihren kleinen Augen direkt anschaut.

»Hast du was gesagt?«, fragt das Wildschwein mit einer Stimme, die nicht unfreundlich klingt.

»Ja«, sagt Emma. »Ich habe *hallo* gesagt.«

»Auch hallo«, sagt das Wildschwein und geht ein paar Schritte auf sie zu.

Emma bleibt stehen, und auch Hugo und Achmed, die knapp hinter ihr sind, halten inne. Emma dreht sich kurz um und sieht, wie Papa ihr zuwinkt. Sie wendet sich wieder dem Wildschwein zu. »Ähm, ich wollte dich etwas fragen«, sagt sie und macht einen Schritt nach vorne. Irgendwie guckt es freundlich. Gar nicht so furchteinflößend, wie sie gedacht hat.

»Dann frag«, sagt das Wildschwein.

»Warum kommt ihr jeden Abend hierher?«

Das Wildschwein grunzt kurz auf. »Na, weil es hier immer so gut nach gekochten Kartoffeln riecht. Wir lieben gekochte Kartoffeln. Aber der Bauer lässt leider nie seinen Schweinestall offen. Deshalb suchen wir eben andere Leckereien, und die finden wir auch: kleine Salatsetzlinge, Lauch vom Winter und Rosenkohl … Wir mögen alles. Hier gibt es eigentlich lauter leckere Sachen.« Das Schwein grinst Emma an. »Sonst wären wir auch nicht so rund.« Es wendet den

Rüssel zu seinem Bauch und dreht sich einmal im Kreis.

Emma bemerkt, dass die anderen zwei Wildschweine und die Frischlinge stehen geblieben sind. Sie verharren kurz, drehen sich um und laufen jetzt direkt auf Emma zu. Emma schluckt. Diese zwei sind sogar noch etwas größer. Emma atmet tief durch.

Aber dann passiert etwas, womit Emma nicht gerechnet hätte. Die drei Frischlinge rennen kreuz und quer um Emmas, Hugos und Achmeds Beine herum. Sie quietschen und kreischen: »Hunger! Wir haben Hunger! Wo gibt's die leckeren Kartoffeln? Kartoffeln! Wir wollen Kartoffeln!« Die drei purzeln übereinander, dann schnüffeln sie sich an Emmas Hosenbeinen entlang und: Die drei großen Wildschweine stehen da und fangen an zu lachen. Sie lachen so sehr, dass Emma nicht anders kann und mitlachen muss. Und dann lacht auch Hugo, und der gackert beim Lachen immer wie eine Henne. Und jetzt fällt auch Achmed ein. Und schließlich lachen auch die drei Frischlinge mit ihren hohen Stimmchen, und plötzlich ist Emmas Angst wie weggeblasen.

Als Emma an diesem Sonntagabend im Bett liegt, kann sie nicht einschlafen. Was für ein aufregender Tag! Die Wildschweine sind so nett gewesen. Vor allem das, mit dem Emma zuerst geredet hat. »Ich heiße Amanda«, so hat sie sich später Emma, Hugo und Achmed vorgestellt, nachdem sie alle einen großen Eimer mit gekochten Kartoffeln verputzt hatten.

»Kriegen wir nun jeden Abend warme Kartoffeln?«, hat Amanda Emma schließlich gefragt.

»Jeden Tag, oh ja, lecker …!«, haben die Frischlinge durcheinandergequietscht.

Und Herr Heinz hat versprochen, dass er von nun an immer eine Extraportion Kartoffeln vor den Schweinestall stellt.

»Dafür sollen sie dann aber auch alles andere in Ruhe lassen«, hat Frau Heinz gesagt, und Emma hat übersetzt.

»Klar, machen wir das. Für gekochte Kartoffeln lassen wir alles andere stehen, und wir lassen sogar die Fürchterlichen Fünf in Ruhe«, hat Amanda gesagt und schon wieder laut gelacht.

Zwei Wochen später:

»Schau mal, Emma, der müsste dir passen.« Frau Heinz reicht Emma einen Reiterhelm. Der hat unserer Tochter gehört, aber die ist längst ausgezogen, und aus dem Helm herausgewachsen.«

Emma setzt ihn auf und macht die Schließe unter dem Kinn zu.

»Super, wie angegossen. Wenn du magst, kannst du ihn immer tragen, wenn du Klara ausreiten möchtest.«

Emma strahlt. »Danke!«

»Vielleicht habe ich auch noch ein paar Reitklamotten von Anja, aber Hauptsache ist, du hast erst mal einen Helm.«

»Klara wird mich doch nicht abwerfen?« Jetzt ist Emma doch etwas mulmig zu Mute.

»Sie ist manchmal etwas dickköpfig, aber dich runterwerfen«, Frau Heinz schüttelt den Kopf, »das kann ich mir nicht vorstellen. So dicke Freundinnen wie ihr seid.«

Stimmt! Fast jeden Tag hat Emma Klara besucht, seitdem die Fürchterlichen Fünf wieder vom Gartenhäuschen in ihr Zuhause zurückgekehrt sind. Emma hat Klara gestriegelt, ist mit ihr gelaufen und gerannt, sie hat Klaras Rücken massiert, bis sie ihr vor lauter Wohltat mit ihren warmen Nüstern in den Nacken geblasen hat. Und heute darf Emma Klara zum ersten Mal reiten.

»Wir probieren es«, hat Klara gestern gesagt. »Und vergiss nicht, was ich bekomme, wenn du auf mir reiten darfst«, hat sie noch ergänzt. Vorhin, bevor Emma zum Bauernhof gegangen ist, ist sie noch im Keller vorbei und hat vorsichtshalber gleich zwei Boskop in ihre Jackentasche gesteckt.

»Bereit?« Frau Heinz lächelt Emma zu.

Sie nickt.

Draußen auf der Weide steht Klara und wiehert laut, als Emma und Frau Heinz auf sie zukommen.

»Schön, dass du da bist«, sagt Klara und schaut Emma auffordernd an. »Und?«

Emma holt einen Boskop hervor und hält ihn Klara vors Maul.

»Hm, lecker. Für Boskop mach ich alles. Sogar so schwere Mädchen tragen wie dich.« Sie grinst, und der Apfel verschwindet so schnell in Klaras Maul, dass Emma mit dem Zuschauen gar nicht nachkommt.

»Ich bin nicht schwer!« Emma schaut entrüstet auf ihren Bauch. Na ja, heute morgen hat sie zwei Brötchen mit Käse und Marmelade, ein Rührei und ein Minimüsli gegessen. Und einen Kakao getrunken. Nicht gerade wenig. Aber sie musste sich ja stärken an so einem wichtigen Tag. »Ich wiege 35 Kilo. Wieviel wiegst du?«

Klara schaut sie mit großen Augen an. »Keine Ahnung. Außerdem fragt man eine Dame nicht nach ihrem Gewicht.« Sie grinst schon wieder.

»So, meine Liebe«, sagt Frau Heinz und legt Klara das Halfter an und den Sattel auf den Rücken. Sie verschließt die Riemen unter Klaras Bauch.

»Ist der Sattel auch nicht zu schwer?«, fragt Emma. Klara schüttelt die Mähne.

»Na dann.« Frau Heinz nickt Emma aufmunternd

zu. Jetzt geht es los. Irgendwie grummelt es in Emmas Bauch. Aber es ist ein angenehmes Grummeln.

Frau Heinz hält den Steigbügel ein wenig weg von Klaras Bauch.

Emma setzt ihren linken Schuh darauf, zieht sich mit Hilfe des Sattels hoch, Frau Heinz hilft ihr ein wenig dabei, und schon schwingt Emma das rechte Bein auf die andere Seite und setzt den Fuß in den zweiten Steigbügel. Sie sitzt. Ganz schön breit, Klaras Rücken. Aber das fühlt sich gut an, bequem und irgendwie sicher. Emma schaut nach unten. Sie ist gar nicht so weit vom Boden weg. Sie tätschelt Klaras Hals und greift die Zügel.

»Wir starten«, sagt Klara. »Keine Angst, ich kann eh nicht so schnell.« Und sie setzt sich in Bewegung.

Emma atmet tief durch.

Klara trabt. Sie trabt über die Weide, zuerst im Kreis, dann kreuz und quer, und es scheint ihr Spaß zu machen.

Und Emma macht es auch Spaß. Wie schön, oben zu sitzen und Klaras Wärme zu spüren. Und Emma sieht so viel. Weit hinten ist eine Wiese, da blühen Frühlingsblumen, und daneben ist ein gelbes Rapsfeld.

»Du bist leicht wie eine Feder«, sagt Klara und schnauft.

»Und du bist breit wie eine Bank«, sagt Emma und lacht auf.

»Kleine, nicht so frech, sonst zeig ich dir, was ich sonst noch so drauf hab.«

»Nee, heute noch nicht. Aber bald«, sagt Emma und winkt ganz doll. Denn von weitem sieht sie Mama, Papa und Lucy kommen. Sie ruft ihnen zu. »Ich reite!«

»Wir sehen es, super!«, ruft Mama zurück.

»Drück die arme Klara nicht platt«, ruft Papa und winkt mit einer Hand ganz wild. Mit der anderen schiebt er Lucys Kinderwagen.

Und da kommt auch Achmed um die Ecke. Neben ihm geht Frieder. Und hinter ihm Hugo. Im Arm hat er Susi. Aber die springt von ihm herunter und *wusch* ist sie weg.

Fehlen nur noch Waldemar und Hildegard, denkt Emma. Aber da sieht sie sie auch schon. Sie stehen hinten am Rand der Weide an einem Zaun, wo schon Gras wächst, und fressen.

»Hey, ihr beiden«, ruft Emma ihnen zu. »Seht ihr, ich reite!«

Hildegard und Waldemar heben kurz die Köpfe. »Wir sind ja nicht blind«, meckert Waldemar Emma zu, senkt seinen Kopf wieder und grast zusammen mit Hildegard weiter. Sie strecken ihre Pos zu ihnen.

»Wir schleichen uns an und erschrecken sie«, sagt Klara und fängt an zu galoppieren. Sie kommen immer näher und näher, und da riecht es Emma schon wieder: Waldemars müffelnden Geruch.

»Nein, nichts wie weg hier!«, ruft sie Klara zu, nimmt die Zügel und bringt Klara zum Wenden.

»Wow, Kleine, du kannst ja schon führen!«, ruft Klara Emma bewundernd zu, und Emma treibt Klara an. Und die galoppiert und galoppiert und Emma jubelt. »Jippieh!«

Waldemar

PONY POPO ♥

Hildegard

Hugo

Susi